# Hau ab, du Flasche!

Ein Leseprojekt
zu dem
gleichnamigen Jugendbuch
von
Ann Ladiges

erarbeitet
von
Barbara Wohlrab

Illustrationen
von
Oleg Assadulin

Cornelsen

# Inhaltsverzeichnis


**Kapitel 1** ........ Seite 3
Aufgaben zu Kapitel 1 ........ Seite 6

**Kapitel 2** ........ Seite 10
Aufgaben zu Kapitel 2 ........ Seite 14

**Kapitel 3** ........ Seite 17
Aufgaben zu Kapitel 3 ........ Seite 20

**Kapitel 4** ........ Seite 24
Aufgaben zu Kapitel 4 ........ Seite 28

**Kapitel 5** ........ Seite 32
Aufgaben zu Kapitel 5 ........ Seite 36

**Kapitel 6** ........ Seite 40
Aufgaben zu Kapitel 6 ........ Seite 44

**Kapitel 7** ........ Seite 48
Aufgaben zu Kapitel 7 ........ Seite 52

**Kapitel 8** ........ Seite 56
Aufgaben zu Kapitel 8 ........ Seite 60

**Kapitel 9** ........ Seite 64
Aufgaben zu Kapitel 9 ........ Seite 68

**Kapitel 10** ........ Seite 72
Aufgaben zu Kapitel 10 ........ Seite 76

**Kapitel 11** ........ Seite 80
Aufgaben zu Kapitel 11 ........ Seite 84

**Kapitel 12** ........ Seite 88
Aufgaben zu Kapitel 12 ........ Seite 93

# Kapitel 1

Roland hört etwas unten im Haus. Er geht die Treppe hinunter, um nachzusehen. Unten im Haus ist die Wohnung von der alten Frau Marecke. Ihre Wohnungstür steht offen. Ein Krankenwagen steht draußen vor dem Haus. Das Gesicht der alten Frau Marecke ist ganz weiß. Sie wird von den Sanitätern auf einer Trage in den Krankenwagen geschoben.

Im Treppenhaus stehen neugierige Nachbarn. Sie unterhalten sich. Die Hausmeisterin sagt: „Ich habe Frau Marecke gefunden. In der Küche auf dem Fußboden. Fünfzehn Jahre hat sie keinen Alkohol mehr getrunken. Und jetzt das. Die leere Flasche stand noch auf dem Tisch." Rolands Hand zittert. Er geht zur Bushaltestelle und wartet auf seinen Bus. Als der Bus kommt, ist er voll besetzt. Roland spürt, dass ein Mann ihn ansieht. Er steigt nicht in den Bus ein.

Roland denkt zurück an das Frühstück am Morgen. Seine Mutter hatte gesagt: „Beeil dich! Wenn du heute zu spät kommst, macht das keinen guten Eindruck! Und zieh dir deine gute Hose an!" Sie wollte, dass Roland anständig aussah. Denn er hat heute ein Vorstellungsgespräch bei Foto Droste. Die Mutter hatte auch gesagt: „Du weißt, was das für dich bedeutet, Roland!"

Natürlich weiß Roland das. Er sagt doch selbst immer wieder: „Wenn ich einen Platz für eine Ausbildung habe, schaffe ich es. Das verspreche ich euch!" Herr Droste, der Fotograf, ist ein Bekannter von Rolands Vater. Herr Droste weiß nicht, was mit Roland los ist.

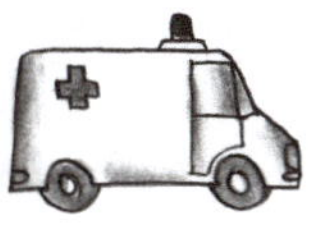  

Roland wird auf einmal schlecht. „Dass ich da unbedingt heute hin muss!“, ärgert er sich und will seine Jacke zumachen. Aber seine Finger zittern zu stark. Er bekommt den Reißverschluss nicht zu. Roland denkt: „Es ist besser, wenn ich nicht hingehe. Die Eltern wollen ja, dass ich einen guten Eindruck mache. Ich rufe da an und sage, dass der Bus einen Unfall hatte und dass ich im Krankenhaus bin. Ich sage, dass nur die Hand verletzt ist und dass ich morgen komme.“

Roland geht in Richtung Grüneburgweg. Dort steht schon sehr lange ein Haus, das nicht fertig gebaut wurde, ein Rohbau. Er zwängt sich durch einen Zaun in das leere Haus und läuft die ersten Stufen hoch. Aber es wird ihm schwindelig. Er lehnt sich gegen die Wand. Dann geht er weiter nach oben. Kurz vor dem dritten Stock stolpert Roland. Er fällt die halbe Treppe wieder nach unten. Seine linke Hand blutet. Roland fühlt es nicht. Er denkt nur: „Es müssen noch drei Flaschen da sein!“

Oben in dem Raum liegt ein Haufen alter Wolldecken. Roland kniet sich auf den Boden und zieht die Decken weg: In einem Pappkarton stehen zwei volle Flaschen Whisky [sprich: Uiski] und eine halb volle Flasche Schnaps. Den ersten Schluck trinkt Roland ganz schnell …

Fortsetzung folgt

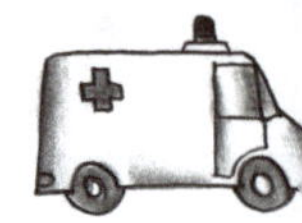

**1. In Kapitel 1 lernst du einen Jungen kennen.
Wie heißt er?
Schreibe den Namen auf.
Tipp: Lies noch einmal Seite 3.**

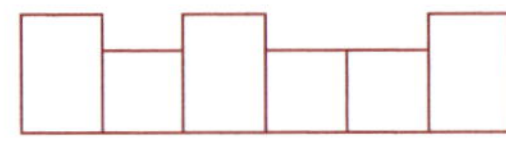

**2. Der Junge und seine Familie leben in einem Haus, in dem mehrere Familien wohnen.
Unten im Haus wohnt Frau Marecke.
Was erfährst du über sie? Ergänze die Sätze.**

Frau Marecke ist eine ______________ Frau.
alte / junge

Ihr Gesicht ist ______________________.
braun gebrannt / ganz weiß

Sie wird von einem __________________________ abgeholt.
Krankenwagen / Taxi

Frau Marecke hatte ____________________ lang
15 Jahre / 3 Tage

keinen Alkohol getrunken.

**3. Eine leere Flasche Alkohol steht auf dem Tisch von Frau Marecke.
Jetzt muss Frau Marecke ins Krankenhaus.
Sprecht in der Klasse über diese Fragen:**

- **Was ist vielleicht passiert?**
- **Warum dürfen manche Menschen keinen Alkohol trinken?**
- **Was wisst ihr über Alkohol und seine Gefahren?**

**4. Roland verlässt das Haus.**
**Was erfährst du über Roland?**
**Streiche die falschen Sätze durch.**

Roland geht zum Bahnhof.
Roland ist auf dem Weg zu einem Vorstellungsgespräch.
Roland wartet an der Bushaltestelle auf seinen Bus.
Roland ist ganz ruhig.
Rolands Hand zittert.
Er nimmt den ersten Bus, der kommt.
Er steigt nicht in den Bus ein.

**5. In welchem Geschäft hat Roland das Vorstellungsgespräch?**
**Male das richtige Schild farbig aus.**

**6. Roland möchte bei dem Fotografen Herrn Droste eine Ausbildung machen.**
**Wie sollte Roland für das Vorstellungsgespräch sein?**
**Kreuze die passenden Antworten an.**
**Du kannst auch mit einem Partner zusammenarbeiten.**

So sollte Roland bei dem Vorstellungsgespräch sein:

- ❑ müde
- ❑ schmutzig
- ❑ vorbereitet
- ❑ sauber
- ❑ ausgeschlafen
- ❑ gut angezogen
- ❑ nicht vorbereitet
- ❑ ordentlich

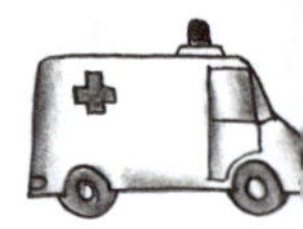

**7. Herr Droste weiß nicht, was mit Roland los ist.
Was könnte mit Roland los sein?
Sprecht in der Klasse darüber.**

**8. Roland wird plötzlich schlecht.
Er will lieber nicht zu dem Vorstellungsgespräch.
Deshalb will er es mit einer Lüge absagen.
Wie findet ihr das? Sprecht in Gruppen darüber.**

**9. Roland geht zum Grüneburgweg.
Was passiert dort der Reihe nach?
Tipp: Lies noch einmal Seite 5.**

**a) Nummeriere die Sätze in der richtigen Reihenfolge.**

**b) Schreibe die Sätze in der richtigen Reihenfolge in dein Heft.**

- [ ] Kurz vor dem dritten Stock stolpert er.
- [ ] Im Treppenhaus von dem leeren Haus wird ihm nach den ersten Stufen schwindelig.
- [ ] Roland zwängt sich durch einen Zaun und geht in den Rohbau.
- [ ] Er fällt die halbe Treppe wieder nach unten.
- [6] Aber er denkt nur: „Es müssen noch drei volle Flaschen da sein!“
- [ ] Rolands Hand blutet.

**10. Roland hat in dem Rohbau Whisky und Schnaps versteckt. Lies den folgenden Sachtext dazu.**

Whisky und Schnaps

Whisky und Schnaps sind Getränke, die viel **Alkohol** enthalten. Alkohol ist sehr schädlich für die Gesundheit. Deswegen darf Alkohol **nicht an Kinder und Jugendliche** gegeben oder verkauft werden. Wer **regelmäßig** größere Mengen Alkohol **trinkt**, wird **süchtig**. Ein Mensch, der süchtig nach Alkohol ist, muss immer wieder Alkohol trinken. Bekommt er keinen Alkohol, fängt er an zu zittern.

**11. Was hast du im Sachtext erfahren?**
**Schreibe die Fragen und Antworten in dein Heft.**

- **Wie ist Alkohol für die Gesundheit?**
- **Wer wird süchtig nach Alkohol?**

**12. Roland zittert an der Bushaltestelle.**
**Auch im Rohbau zittert er.**
**Warum zittert Roland wohl? Kreuze an.**

Roland zittert,

❏ weil er keine Jacke angezogen hat.

❏ weil er süchtig ist und Alkohol braucht.

**13. Roland ist noch keine 18 Jahre alt.**
**Wie konnte Roland trotzdem an den Alkohol kommen?**
**Was vermutet ihr? Sprecht in der Klasse darüber.**

# Kapitel 2

Und so fing alles an: Als Roland erst ein halbes Jahr zur Schule ging, feierten die Eltern eine große Party. Als die ersten Gäste kamen, hatte Roland schon seinen Schlafanzug an. Eine Dame brachte ihm eine Tafel Schokolade mit. Sie lachte ziemlich laut und fragte: „Wie alt bist du?“ „Kannst du nicht antworten?“, fragte die Mutter.

„Er wird bald sieben“, sagte sie und forderte Roland auf: „Nun bedank dich mal schön!“ Roland sagte Danke und nahm die Schokolade. Später hörte Roland, wie sie im Wohnzimmer redeten. Dann hörte er Musik. Roland kletterte aus seinem Bett und holte sich die Tafel Schokolade. „Eigentlich schmeckt die Schokolade eklig“, dachte er. „Die Likörpralinen bei Oma schmecken besser.“

Als Roland aufwachte, war es still in der Wohnung. Er hatte großen Durst, machte Licht an und stand auf. Im Flur brannte Licht. Das hatten die Eltern vergessen auszumachen. Die Tür zum Wohnzimmer war offen, hier roch es nach Zigaretten. Auf dem Tisch standen Gläser, manche waren noch halb voll. Eine leere Flasche lag unter dem Tisch.

„Sie haben Sekt getrunken", dachte Roland. Wie Sekt schmeckt, wusste er. So ein bisschen wie Brause, nur nicht so süß. Die Mutter ließ ihn ab und zu mal nippen. Sie trank morgens oft ein Glas Sekt. „Ich komme sonst nicht in Schwung", sagte sie immer.

Das erste Glas, das Roland trank, war noch fast voll. Roland probierte vorsichtig. Es war Sekt. Er schmeckte warm und süßlich. Roland setzte sich aufs Sofa und trank das Glas leer. In seinem Kopf wurde es ein wenig schwummerig. Roland mochte das. Er trank auch die Reste aus den anderen Gläsern.

In dem einen Glas war etwas Scharfes, das ihm im Hals brannte. Er spuckte es aus. Dabei prustete er wie das Robbenbaby, das er im Zoo gesehen hatte. Seine Spucke flog durch die Luft und er lachte. Dann entdeckte er die noch fast volle Weinflasche. Als Roland aufstand, schwankte das Zimmer.

 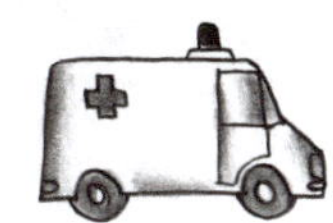

Er fiel über den Tisch, stieß ein paar Gläser und Flaschen um und landete auf dem Fußboden. „Was machst du denn hier?“, hörte er seinen Vater sagen. „Bist du verrückt geworden? Mitten in der Nacht?“ Roland fühlte, wie das Lachen in ihm gluckerte. Dann übergab er sich auf den Boden.

Am nächsten Morgen war Roland krank. Die Mutter legte ihm einen kalten Waschlappen auf die Stirn. Der Vater lachte Roland aus. „Wir hätten die Gläser gestern noch rausbringen sollen. Ich wollte das ja, aber du …“, sagte die Mutter. „Jetzt bin ich schuld, wenn unser Herr Sohn mitten in der Nacht die Gläser von anderen Leuten austrinkt!“, rief der Vater. „Das wird ja immer schöner!“ Die Eltern stritten sich weiter. Ihre Stimmen dröhnten laut in Rolands Kopf.

Fortsetzung folgt

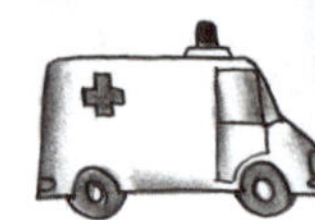

**1. Die Eltern von Roland feiern eine Party.
Eine Frau fragt Roland nach seinem Alter.
Was antwortet die Mutter?
Schreibe in die Sprechblase.
Tipp: Lies noch einmal Seite 11.**

Er ______________________________

______________________________ .

**2. Die Mutter antwortet für Roland.
Wie gefällt Roland das wohl?
Sprecht in der Klasse darüber.**

**3. Roland isst etwas von seiner Tafel Schokolade.
Er denkt, dass die Likörpralinen von seiner Oma
besser schmecken. Was sind Likörpralinen?**

**a) Lies die folgenden Wort-Erklärungen.**

Pralinen = **Schokoladenstücke**, die eine Füllung haben
Likör = ein Getränk, das **Alkohol** enthält und
sehr **süß** schmeckt

**b) Ergänze die Sätze.**

Likörpralinen sind ______________________________.

Sie sind mit einem Getränk gefüllt, das ____________________

enthält und sehr ______________ schmeckt.

**4. Roland ist erst sechs Jahre alt.
Er hat bei seiner Oma schon Likörpralinen gegessen.
Auch Sekt hat er schon probiert.
Lies den folgenden Sachtext dazu.**

Alkohol macht krank

Alkohol kann besonders bei Kindern **schwere gesundheitliche Schäden** verursachen. Weil Kinder weniger wiegen als Erwachsene, reichen schon **kleine Mengen Alkohol** dafür aus. Geschädigt werden bei Kindern wie bei Erwachsenen: das **Herz**, der **Magen**, die **Leber**, die **Nieren**, die **Muskeln** und das **Gehirn**.

**5. Was hast du im Sachtext erfahren?
Beantworte die Fragen mit Stichworten.
Schreibe die Fragen und die Stichworte in dein Heft.**

- Was kann Alkohol bei Kindern hervorrufen?
- Welche inneren Organe und Körperteile werden durch Alkohol geschädigt?

**6. Seht euch das Modell oder ein Bild eines Menschen mit seinen inneren Organen an.**

**a) Sucht am Modell oder im Bild: das Herz, den Magen, die Leber, die Nieren, die Muskeln und das Gehirn.**

**b) Alle Organe und Körperteile sind wichtig.
Warum ist zum Beispiel das Herz wichtig?
Überlegt gemeinsam.**

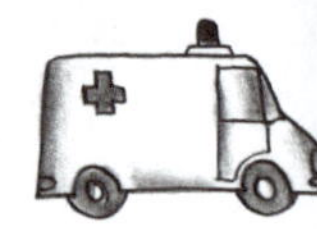

**7. Die Mutter hat Roland Sekt probieren lassen.
Wie ist das Verhalten der Mutter?
Sprecht in der Klasse darüber.**

**8. Nachts wacht Roland auf. Was passiert?
Schreibe passende Wörter in die Lücken.**

Roland ________________ die Reste aus den Gläsern

von der Party. Im ersten Glas ________ Sekt.

Roland setzt sich und trinkt das ________________ leer.

In einem anderen Glas ist etwas Scharfes,

das im Hals ________________.

Als Roland später aufsteht, schwankt das _Zimmer_.

Er ________________ über einen Tisch.

Dann übergibt sich Roland auf den ________________.

**9. Roland ist vom Alkohol am nächsten Tag krank.
Was tun die Eltern? Kreuze die richtigen Sätze an.**

- ☐ Der Vater lacht Roland aus.
- ☐ Die Mutter ruft einen Arzt.
- ☐ Die Eltern streiten sich.
- ☐ Die Mutter legt Roland einen kalten Waschlappen auf die Stirn.
- ☐ Die Eltern reden mit Roland und erklären ihm, wie gefährlich Alkohol besonders für Kinder ist.

Lösungen

# Hau ab, du Flasche!

Versuche immer erst, die Aufgabe selbst zu lösen.
Vergleiche dann dein Ergebnis mit den Lösungen und Lösungsvorschlägen in diesem Heft.

## Lösungen und Lösungsvorschläge zu den Aufgaben von Kapitel 1: 1

1. 

220044780

2. Frau Marecke ist eine **alte** Frau.
Ihr Gesicht ist **ganz weiß.**
Sie wird von einem **Krankenwagen** abgeholt.
Frau Marecke hatte **15 Jahre** lang
keinen Alkohol getrunken.

3. Hier können wir euch keinen Lösungsvorschlag machen.

4. Sicher hast du diese Sätze durchgestrichen:
~~Roland geht zum Bahnhof.~~
~~Roland ist ganz ruhig.~~
~~Er nimmt den ersten Bus, der kommt.~~

5. Sicher hast du dieses Schild farbig ausgemalt: Foto Droste

6. Die richtigen Antworten sind:
☒ ausgeschlafen
☒ gut angezogen
☒ vorbereitet
☒ sauber
☒ ordentlich

**7. und 8.** Hier können wir euch keine Lösungsvorschläge machen.

**9. a)** [3] Kurz vor dem dritten Stock stolpert er.
[2] Im Treppenhaus von dem leeren Haus wird ihm nach den ersten Stufen schwindelig.
[1] Roland zwängt sich durch einen Zaun und geht in den Rohbau.
[4] Er fällt die halbe Treppe wieder nach unten.
[6] Aber er denkt nur: „Es müssen noch drei volle Flaschen da sein!"
[5] Rolands Hand blutet.

**b)** Roland zwängt sich durch einen Zaun und geht in den Rohbau.
Im Treppenhaus von dem leeren Haus wird ihm
nach den ersten Stufen schwindelig.
Kurz vor dem dritten Stock stolpert er.
Er fällt die halbe Treppe nach unten.
Rolands Hand blutet.
Aber er denkt nur: „Es müssen noch drei volle Flaschen
da sein!"

**10.** Hier können wir dir keinen Lösungsvorschlag machen.

**11.** So könntest du die Fragen beantwortet haben:
- Wie ist Alkohol für die Gesundheit?
  **Alkohol ist sehr schädlich für die Gesundheit.**
- Wer wird süchtig nach Alkohol?
  **Wer regelmäßig größere Mengen Alkohol trinkt, wird süchtig nach Alkohol.**

**12.** Die richtige Antwort ist:
Roland zittert,
☒ weil er süchtig ist und Alkohol braucht.

**13.** Hier können wir euch keinen Lösungsvorschlag machen.

## Lösungen und Lösungsvorschläge zu den Aufgaben von Kapitel 2: 2

1. Sicher hast du in die Sprechblase geschrieben:
   Er **wird bald sieben.**

2. Hier können wir euch keinen Lösungsvorschlag machen.

3. a) Hier können wir dir keinen Lösungsvorschlag machen.

   b) Likörpralinen sind **Schokoladenstücke.**
   Sie sind mit einem Getränk gefüllt, das **Alkohol** enthält
   und sehr **süß** schmeckt.

4. Hier können wir dir keinen Lösungsvorschlag machen.

5. Diese Stichworte könntest du zu den Fragen in dein Heft geschrieben haben:
   - Was kann Alkohol bei Kindern hervorrufen?
     **schwere gesundheitliche Schäden**
   - Welche inneren Organe und Körperteile werden durch Alkohol geschädigt?
     **das Herz, der Magen, die Leber, die Nieren, die Muskeln, das Gehirn**

6. **a) und b)** Hier können wir euch keine Lösungsvorschläge machen.

7. Sicher habt ihr im Gespräch festgestellt:
   Das Verhalten der Mutter ist nicht richtig,
   weil schon kleine Mengen Alkohol Kindern schaden.

8. Roland **trinkt** die Reste aus den Gläsern
   von der Party. Im ersten Glas **ist** Sekt.
   Roland setzt sich und trinkt das **Glas** leer.
   In einem anderen Glas ist etwas Scharfes, das im Hals **brennt.**
   Als Roland später aufsteht, schwankt das **Zimmer.**
   Er **fällt** über einen Tisch.
   Dann übergibt sich Roland auf den **Boden.**

**9.** Die richtigen Sätze sind:
☒ Der Vater lacht Roland aus.
☒ Die Eltern streiten sich.
☒ Die Mutter legt Roland einen kalten Waschlappen auf die Stirn.

## Lösungen und Lösungsvorschläge zu den Aufgaben von Kapitel 3: 3

**1. a) und b)** Hier können wir dir keine Lösungsvorschläge machen.

**c)** Der Vater meint, dass Frau Marecke früher viel **Alkohol** getrunken hat.
Dann hat sie **betrunken** im Hausflur gelegen.

**2.** Hier können wir dir keinen Lösungsvorschlag machen.

**3.** Sicher hast du diese Antwortsätze auf die Linien geschrieben:
Roland bekommt oft Wasser in die Nase.
Deshalb bleibt er im Becken für Nichtschwimmer.

**4.** Roland und sein Vater treffen
**Herrn Holzkamp** mit **seiner Tochter Biggi.**

**5.**

| | |
|---|---|
| Biggi springt vom 3-Meter-Brett. | ☒ richtig |
| Der Vater will, dass auch Roland springt. | ☒ richtig |
| Roland springt auch vom 3-Meter-Brett. | ☒ falsch |
| Der Vater ist stolz auf Roland. | ☒ falsch |
| Der Vater ruft wütend: „Stell dich nicht so an, Roland!“ | ☒ richtig |

**6. a)** Die richtige Antwort ist:
☒ Der Vater ist wütend darüber und will Roland ins Wasser werfen.

**b)** Sicher hast du die Sprechblase so ergänzt:
Lassen Sie den Jungen **los!** Sie sehen doch, dass er **Angst** hat!

**7.** Hier können wir euch keinen Lösungsvorschlag machen.

**8.** Sicher hast du diese Sprechblase durchgestrichen:

**9.** Diese Denkblasen könntest du rot ausgemalt haben:

**10.** Vergleiche dein Bild mit dem Bild eines anderen Schülers.

## Lösungen und Lösungsvorschläge zu den Aufgaben von Kapitel 4: 4

**1.** Hier können wir euch keinen Lösungsvorschlag machen.

**2.** Der neue Schüler heißt **Buddi.**
Er ist vierzehn, also ein Jahr **älter** als Roland.
Schon bald hat Buddi das **Sagen** in der Klasse.

**3.** Die richtige Antwort ist: ☒ den Eierlikör

**4.** **a)** Die richtige Antwort ist: ☒ Nein

**b)** Vergleiche deine Lösungen mit den Lösungen von anderen Schülern.

**5.** Hier können wir euch keine Lösungsvorschläge machen.

**6.** Sicher hast du dieses Adjektiv eingekreist: klein

**7.** Hier können wir euch keine Lösungsvorschläge machen.

**8.** Sicher hast du diese Sätze durchgestrichen:
~~Roland entschuldigt sich bei seiner Mutter.~~
~~Er sagt: „Ich habe einen Fehler gemacht.“~~

9. **a)** Hier können wir dir keinen Lösungsvorschlag machen.

   **b)** Wer bei einem Ladendiebstahl erwischt wird, kann bei der Polizei angezeigt werden. Der Dieb muss den Schaden ersetzen. Er erhält in dem Laden Hausverbot. Das bedeutet, dass er den Laden für lange Zeit nicht mehr betreten darf.

10. So könntest du die Sätze ergänzt haben:
    Wie schmeckt **Whisky?** Soll ich mal **probieren?**
    Nein, ich lass die Flasche lieber **zu.**

## Lösungen und Lösungsvorschläge zu den Aufgaben von Kapitel 5: 5

1. So könntest du die Fragen beantwortet haben:
   - Roland wartet vor der Schule auf Buddi.
   - Buddi will die Flasche sehen.
   - Ein Mitschüler kommt dazu.
   - Buddi und Roland gehen zusammen in die Klasse.

2. Hier können wir euch keine Lösungsvorschläge machen.

3. **a)** Hier können wir dir keinen Lösungsvorschlag machen.

   **b)** Roland sagt: „Buddi und ich machen **Hausaufgaben** zusammen."

4. Die Eltern wollen damit verhindern, dass Buddi **sich Alkohol besorgt und trinkt.**

5. Hier können wir euch keinen Lösungsvorschlag machen.

6. Vergleiche dein Bild mit den Bildern von anderen Schülern.

7. Sicher hast du diesen Satz unterstrichen:
   Buddi motzt: „Ich denke, du kannst so gut klauen!"

8. Sicher hast du diese Antwort durchgestrichen:
   ~~Buddi und Roland arbeiten für die Schule.~~

**9.** Die richtigen Sätze sind:

☒ Die Mutter muss Roland immer wieder wecken, weil er morgens nicht aus dem Bett kommt.
☒ Roland sieht schlecht aus.
☒ Roland hat in der Schule Probleme und schreibt schlechte Noten.

**10.** Diese Adjektive könntest du eingekreist haben:
interessiert, freundlich

## Lösungen und Lösungsvorschläge zu den Aufgaben von Kapitel 6: **6**

**1.** Roland wird in die **achte** Klasse versetzt.

**2.**

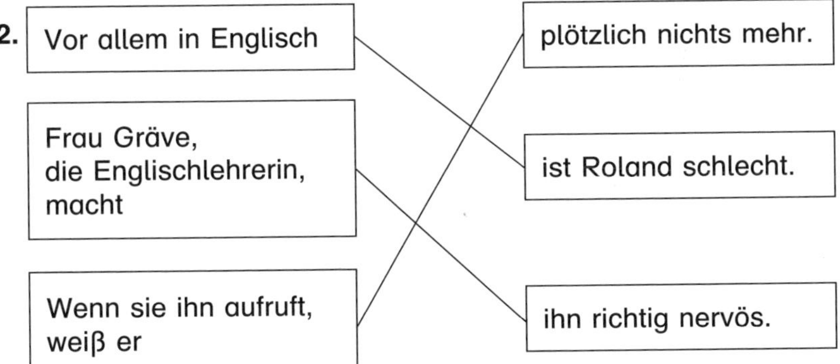


**3.** Die richtige Antwort ist:
☒ Roland geht aus der Klasse und trinkt auf der Toilette heimlich Alkohol.

**4.**
[2] Im Park rasen sie mit dem Mofa über die Wiese.
[1] Sie besorgen zwei Dosen Bier an einer Tankstelle und fahren zum Park.
[4] Ab und zu nehmen sie einen Schluck Whisky.
[3] Danach legen sie sich in die Sonne und trinken das Bier.
[5] Später holt Buddi für jeden noch zwei Bier.

**5.** Jemand, der regelmäßig und viel Alkohol trinken muss, ist

| a | l | k | o | h | o | l | s | ü | c | h | t | i | g |
|---|---|---|---|---|---|---|---|---|---|---|---|---|---|

**6.** Hier können wir euch keinen Lösungsvorschlag machen.

**7.** Die richtige Antwort ist:
☒ „Wir rufen bei dir an und sagen, dass du bei mir bist!"

**8.** Diese drei Antwortsätze könntest du in dein Heft geschrieben haben:
Zuerst ruft Roland nicht zu Hause an, weil er kein Handy dabei hat.
Dann ruft er nicht an, weil die Telefonzelle besetzt ist.
Schließlich vergisst er anzurufen.

**9.** Roland muss immer wieder **lachen.**
Er **taumelt** über die Straße.
Als der Fahrscheinautomat nicht funktioniert,
**tritt** er dagegen.
Beim Einsteigen in die U-Bahn **stolpert** er.
In der Bahn kann er sich kaum **festhalten.**
Er **stößt** bei jeder Kurve gegen Fahrgäste.

**10. und 11.** Hier können wir euch keine Lösungsvorschläge machen.

**12.** So könntest du die Fragen beantwortet haben:
- Wie werden manche Menschen von Alkohol?
  **Manche Menschen werden von Alkohol lustig.**
  **Manche werden aggressiv.**
- Was schätzen Betrunkene falsch ein?
  **Betrunkene schätzen ihr Verhalten und die Folgen falsch ein.**

**13.** Sicher habt ihr dies im Gespräch festgestellt:
Der Vater darf Roland nicht schlagen. Die Schläge werden Roland nicht helfen, vom Alkohol loszukommen.

## Lösungen und Lösungsvorschläge zu den Aufgaben von Kapitel 7: 7

**1.** Hier können wir euch keinen Lösungsvorschlag machen.

**2. und 3.** Vergleiche deine Lösungen mit den Lösungen eines anderen Schülers.

**4.** Hier können wir euch keinen Lösungsvorschlag machen.

**5.** Sicher hast du diese Namenwörter (Nomen) unterstrichen:
die Sucht die Abhängigkeit die Krankheit
die Heimlichkeit die Schwäche

**6.** Hier können wir dir keinen Lösungsvorschlag machen.

**7.** Sicher hast du diese Sätze durchgestrichen:
~~Die Mutter tut so, als ob nichts passiert wäre.~~
~~Sie schlägt Roland.~~

**8.** Hier können wir euch keine Lösungsvorschläge machen.

**9.** Das richtige Bild ist: ☒ 

**10. a), b) und c)**
Hier können wir euch keine Lösungsvorschläge machen.

**11.** Hier können wir euch keinen Lösungsvorschlag machen.

**12.**

| | |
|---|---|
| Die Mutter weint. | ☒ richtig |
| Roland nimmt sich vor, weniger zu trinken. | ☒ richtig |
| Die Eltern gehen mit Roland zu einer Stelle für Suchtberatung. | ☒ falsch |
| Roland schläft nachts immer durch. | ☒ falsch |
| Roland fühlt sich nur gut, wenn er Alkohol getrunken hat. | ☒ richtig |

**13.** Hier können wir euch keine Lösungsvorschläge machen.

## Lösungen und Lösungsvorschläge zu den Aufgaben von Kapitel 8: 8

**1.** Die richtige Antwort ist: ☒ Herr Bromme

**2.** Sicher hast du diese Sätze durchgestrichen:
~~Sie macht Übungen zur Entspannung mit Roland.~~
~~Sie geht mit Roland zu einem Arzt und fragt um Rat.~~

**3.** Hier können wir euch keine Lösungsvorschläge machen.

**4.** Die Neue heißt **Elisabeth Kühn.**
Sie kommt aus **einer anderen Stadt.**
Die Neue ist **gut** in der Schule.

**5.** Das könntest du in die Denkblase geschrieben haben:
Ich **mag Elisabeth und finde sie schön.**

**6.** Sicher hast du die Sätze so verbunden:

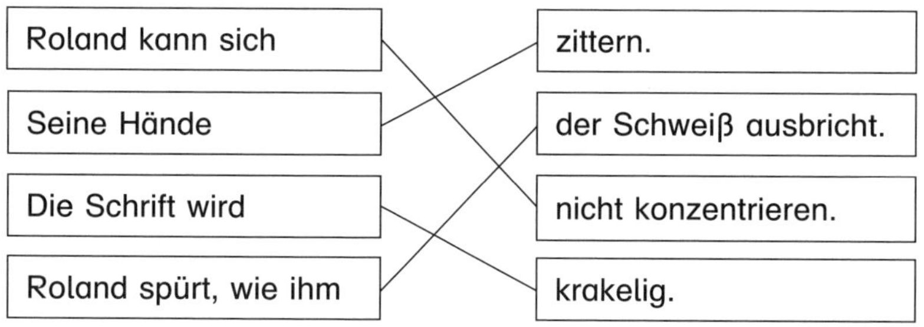


**7. und 8.** Hier können wir euch keine Lösungsvorschläge machen.

**9.** Sicher habt ihr Entzugs-Erscheinungen so erklärt:
Entzugs-Erscheinungen hat ein alkoholsüchtiger Mensch, wenn ihm Alkohol fehlt.
Bei Entzugs-Erscheinungen zittert der Alkoholsüchtige stark. Er oder sie schwitzt, ist unruhig und kann sich nicht gut konzentrieren. Auch Erbrechen und Durchfall sind möglich.

**10.** So könntet ihr die Fragen beantwortet haben:
- Was tut Roland gegen die Entzugs-Erscheinungen?
  **Roland trinkt Alkohol.**
- Was muss Roland tun, um die Entzugs-Erscheinungen für immer zu verlieren?
  **Er muss einen Entzug machen und darf keinen Alkohol mehr trinken.**

**11.** Die richtige Antwort ist: ☒ Roland trinkt weniger Alkohol.

**12. a), b) und c)**
Hier können wir euch keine Lösungsvorschläge machen.

**13.** Die richtige Antwort ist:
☒ Der Vater öffnet zum Abendessen zwei Weinflaschen und nimmt Roland mit in eine Kneipe.

**14.** Hier können wir euch keinen Lösungsvorschlag machen.

## Lösungen und Lösungsvorschläge zu den Aufgaben von Kapitel 9: 9

**1.** Vorname: **Harald**
Alter: **20 Jahre**
zurzeit **arbeitslos**

**2.** Hier können wir dir keinen Lösungsvorschlag machen.

**3.** Die richtigen Antworten sind:
☒ Haschisch ist eine Droge.
☒ Haschisch ist schädlich für die Gesundheit.

**4.** Die richtige Antwort ist: ☒ Nein

**5. a) und b)** In der Kiste sind **12** Flaschen Whisky.

**6.** Hier können wir euch keinen Lösungsvorschlag machen.

7. Sicher hast du diese Antwort unterstrichen:
   im Rohbau im Grüneburgweg

8. Der richtige Geldbetrag ist: ☒

9. Vergleiche dein Bild mit dem Bild eines anderen Schülers.

10. Sicher hast du die Sprechblase so ergänzt:
    Kannst du etwas früher zum **Helfen** kommen?
    Um **19 Uhr** vielleicht?

11. a) [3] Roland kommt nach 21 Uhr bei Elisabeth an.
    [1] Roland verspricht, dass er Elisabeth bei den Vorbereitungen für ihre Party helfen wird.
    [5] Roland läuft ins Jugendzentrum und macht dort Ärger.
    [4] Es kommt zum Streit zwischen Elisabeth und Roland, weil Roland betrunken ist.
    [2] Roland kauft kein Geschenk, sondern geht mit einem Jungen aus der Schule ein Bier trinken.

    b) Roland verspricht, dass er Elisabeth bei den Vorbereitungen für ihre Party helfen wird.
    Roland kauft kein Geschenk, sondern geht mit einem Jungen aus der Schule ein Bier trinken.
    Roland kommt nach 21 Uhr bei Elisabeth an.
    Es kommt zum Streit zwischen Elisabeth und Roland, weil Roland betrunken ist.
    Roland läuft ins Jugendzentrum und macht dort Ärger.

12. Die richtige Antwort ist: ☒ Herr Thiele, der Lehrer

## Lösungen und Lösungsvorschläge zu den Aufgaben von Kapitel 10: 10

1. Roland geht nicht zur Schule, weil er **die Schule schwänzt.**

2. Sicher hast du dieses Bild farbig ausgemalt:

3. Roland muss mit den **Männern** zu sich nach **Hause** fahren.
   Während die Männer unten **warten,**
   sucht Roland nach dem teuren **Ring** von seiner Mutter.
   Er findet den Ring in einem **Kästchen.**
   Als er das Kästchen einsteckt, **zittert** Roland.

4. Hier können wir euch keinen Lösungsvorschlag machen.

5. Pfandschein für einen Goldring
   über: **300** Euro

6. **a) und b)** Roland müsste **50** Euro übrig behalten.

7. Diese Antwort könntest du aufgeschrieben haben:
   Die Männer behalten das ganze Geld.

8. Sicher hast du diesen Satz farbig unterstrichen:
   Roland steht auf, weil er Alkohol trinken muss.

9. Die richtigen Antworten sind:
   ☒ Die Mutter weint.
   ☒ Der Vater wirft Roland aus der Wohnung.

10. Hier können wir euch keinen Lösungsvorschlag machen.

11. **a) und b)** Vergleiche deine Vorschläge mit den Vorschlägen von anderen Schülern.

## Lösungen und Lösungsvorschläge zu den Aufgaben von Kapitel 11: 11

**1.** Die richtige Antwort ist: ☒ Roland wacht im Rohbau auf.

**2. a) und b)** Hier können wir dir keine Lösungsvorschläge machen.

**c)** Sicher hast du die Bilder so nummeriert:

Roland liegt ohnmächtig am Boden.

4

Im Krankenhaus wacht Roland wieder auf.

2

Ein Mann sieht Roland und ruft einen Krankenwagen.

3

Der Krankenwagen bringt Roland ins Krankenhaus.

**3.** Roland **ist sehr schwach und braucht Hilfe.**

**4.** Sicher hast du die folgenden Fragen angekreuzt:
☒ Wie viel hast du getrunken?
☒ Wie viel trinkst du am Tag?
☒ Trinkst du eine Flasche? Oder mehr als eine Flasche?
☒ Was trinkst du?

**5.** Sicher hast du diese Antwort durchgestrichen:
~~Die Eltern wollen Roland noch einmal sagen, dass sie nichts mehr mit ihm zu tun haben wollen.~~

**6.** Der Mann kann **nicht** alleine gehen und zittert **stark.** Er ist 19 **Jahre** alt und zum dritten Mal im **Krankenhaus**.

**7. a)** Sicher habt ihr diese Namen von Beratungsstellen an die Tafel geschrieben: Anonyme Alkoholiker, Blaues Kreuz

**b)** Hier können wir euch keinen Lösungsvorschlag machen.

**8.** Diese Argumente könntet ihr zum Beispiel an die Tafel geschrieben haben:
Roland sollte jemanden zum Reden haben.
Roland kann in einer Gruppe andere Menschen mit Alkoholproblemen kennen lernen.
Roland kann in einer Gruppe Unterstützung bekommen, um vom Alkohol loszukommen.

**9.** Die Eltern tun so, als wäre **nichts** geschehen. Der **Vater** bleibt abends häufiger **zu Hause** und sie sitzen gemeinsam vor dem **Fernseher.** Roland merkt, dass sie sich viel **Mühe** geben.

**10. und 11.** Hier können wir euch keine Lösungsvorschläge machen.

## Lösungen und Lösungsvorschläge zu den Aufgaben von Kapitel 12: 12

**1.** Sicher hast du diese Sätze durchgestrichen:
~~Roland möchte weiter zur Schule gehen.~~
~~Roland möchte gar nichts lernen.~~

**2.**

| | |
|---|---|
| Roland trifft Herrn Thiele. | ☒ richtig |
| Herr Thiele hört Roland nicht zu. | ☒ falsch |
| Die Tochter von Herrn Thiele heißt Miriam und ist krank. | ☒ richtig |
| Der Sohn von Herrn Thiele ist verreist. | ☒ falsch |
| Roland kümmert sich um Miriam. | ☒ richtig |
| Roland bleibt nur kurz bei Herrn Thiele. | ☒ falsch |

**3.** Sicher habt ihr im Gespräch herausgearbeitet:
Wenn Roland trocken bleiben will, darf er nie wieder in seinem Leben Alkohol trinken.

**4. a)** Alkohol kann in einer Soße und in einer Praline enthalten sein.
In einer Eierlikör-Torte und in einer Rotwein-Nachspeise ist immer Alkohol enthalten.

**b)** Weitere Lebensmittel, Speisen und Getränke, die Alkohol enthalten können, sind zum Beispiel:
der Eisbecher, die Schokolade, der Glühwein, der Tee, das Mixgetränk, die Suppe, die Nachspeise, der Kuchen

**5.** Sicher hast du diesen Satz farbig unterstrichen:
<u>Roland bietet an, den Brief zur Hauptpost zu bringen.</u>

**6.** Zuerst **trinken** Roland und Buddi Bier in einer Kneipe.
Dann **besuchen** sie Frau Marecke.
Sie **geben** der alten Frau Schnaps.

**7.** Die richtigen Antworten sind:
- ☒ Frau Marecke trinkt den Alkohol, den Buddi und Roland ihr geben.
- ☒ Frau Marecke rührt sich plötzlich nicht mehr.
- ☒ Buddi und Roland laufen weg.
- ☒ Ein Krankenwagen bringt Frau Marecke am nächsten Morgen fort.

**8. und 9.** Hier können wir euch keine Lösungsvorschläge machen.

# Kapitel 3

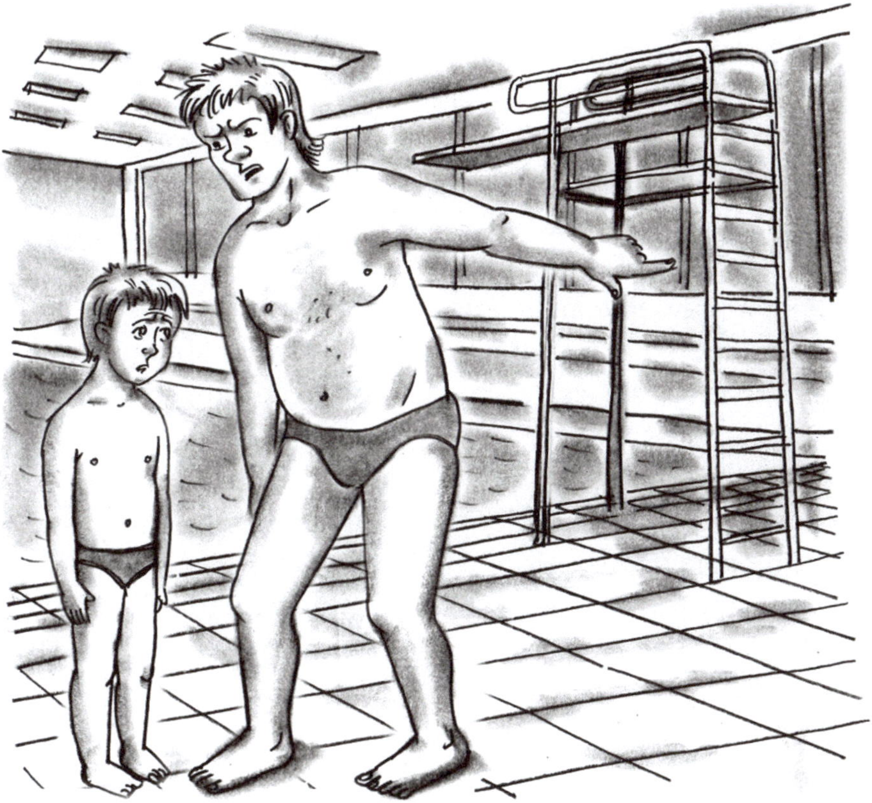

Schon als Roland vier Jahre alt war, wohnte unten im Haus die alte Frau Marecke.

Der Vater sagte einmal: „Die ist gar nicht so alt, wie sie aussieht. Aber sie hat früher gesoffen wie ein Loch. Dann hat sie im Hausflur rumgelegen."

Manchmal öffnete Frau Marecke ihre Wohnungstür und sagte freundlich: „Guten Tag!"

Aber die Mutter zog Roland dann nur schnell weg.

Roland war das unheimlich.

Als Roland sechs Jahre alt war, übte er gern das Schwimmen. Er konnte es schon ganz gut. Aber er bekam immer Wasser in die Nase. Deshalb blieb er lieber im Becken für Nichtschwimmer.

Der Vater von Roland war ein sehr guter Schwimmer. Er fuhr im Sommer oft mit Roland ins Freibad. An einem Sonntag trafen sie dort Herrn Holzkamp. Er hatte seine Tochter Biggi dabei. Biggi war zwei Monate jünger als Roland. Sie sollte heute zum ersten Mal vom Dreier springen. Zuerst traute sie sich nicht, aber dann sprang sie doch.

Danach wollte der Vater von Roland, dass auch Roland vom Dreier springt. Roland fing an zu schreien. Er ließ sich auf den Boden fallen. Der Vater zog ihn wieder hoch. Er rief wütend: „Stell dich nicht so an, Roland!“ Er wollte ihn ins Wasser werfen. Roland schrie jetzt noch lauter. Eine Frau mischte sich ein: „Lassen Sie den Jungen los! Sie sehen doch, dass er Angst hat!“ Da ließ der Vater los und Roland rannte weg.

Später saßen der Vater und Herr Holzkamp am Tisch im Freibad-Restaurant. Sie bestellten sich jeder ein Bier. Biggi durfte sich ein Eis kaufen. Roland beobachtete alles ganz genau. Er stand etwas entfernt. Er hatte geweint. Vorsichtig ging er näher an den Tisch heran. Der Vater beachtete Roland nicht.

Roland stand eine Weile nur da. Dann fragte er leise: „Papa? Darf ich mir auch ein Eis kaufen?“ „Hau bloß ab, du Flasche!“, sagte der Vater. Er sah Roland nicht an und unterhielt sich weiter mit Herrn Holzkamp.

In demselben Sommer fuhr die Familie ans Meer. Es machte Roland Spaß zu tauchen. Er traute sich sogar, von den Felsen ins Wasser zu springen. Der Vater kaufte für Roland eine richtige Angel. Und manchmal mieteten sie sich ein Boot und fuhren zum Angeln. Roland durfte das Boot ein paar Mal steuern. Wenn sie genug gefangen hatten, machten sie ein Feuer und brieten die Fische. Es war die schönste Zeit, an die Roland sich erinnern konnte.

Fortsetzung folgt

**1. Der Vater spricht schlecht über Frau Marecke.**

**a) Lies noch einmal, was er sagt.**

Die ist gar nicht so alt, wie sie aussieht.
Aber sie hat früher gesoffen wie ein Loch.
Und dann hat sie im Hausflur rumgelegen.

**b) Was meint der Vater mit seinen Worten?**
**Sprich mit einem Partner darüber.**

**c) Ergänze die Sätze. Wähle die passenden Wörter aus.**

Wasser / Saft / Alkohol / Kaffee / Cola
aufgeregt / müde / betrunken / nüchtern

Der Vater meint, dass Frau Marecke früher

viel ______________________ getrunken hat. Dann
(Was?)

hat sie ______________________ im Hausflur gelegen.
(Wie?)

**2. Die Mutter grüßt Frau Marecke nicht.**
**Sie zieht Roland schnell weg, wenn die alte Frau grüßt.**
**Wie findest du das?**
**Ergänze ein passendes Adjektiv (Wiewort).**

freundlich / unfreundlich / gemein / richtig / unhöflich

Ich finde das ______________________.

**3. Roland kann schon ganz gut schwimmen.
Warum bleibt er trotzdem im Becken
für Nichtschwimmer?
Schreibe zwei Antwortsätze auf die Linien.
Verwende dabei die Wortgruppen und Wörter
im Kasten.
Tipp: Am Ende von jedem Satz steht ein Punkt.**

Wasser / ~~Roland~~ / in die Nase. / bekommt / oft
bleibt / ~~Deshalb~~ / er / für Nichtschwimmer. / im Becken

*Roland* ____________________________________________

____________________ *Deshalb* ____________________

____________________________________________

**4. Wen treffen Roland und
sein Vater im Freibad?
Ergänze den Satz.**

Roland und sein Vater treffen

____________________________________________
Herrn Holzkamp / Frau Holzbrett

mit ____________________________________________.
ihrem Sohn Bert / seiner Tochter Biggi

**5. Roland und sein Vater stehen am 3-Meter-Sprungbrett. Sind die folgenden Sätze richtig oder falsch? Kreuze an.**

| | richtig | falsch |
|---|---|---|
| Biggi springt vom 3-Meter-Brett. | ❑ | ❑ |
| Der Vater will, dass auch Roland springt. | ❑ | ❑ |
| Roland springt auch vom 3-Meter-Brett. | ❑ | ❑ |
| Der Vater ist stolz auf Roland. | ❑ | ❑ |
| Der Vater ruft wütend: „Stell dich nicht so an, Roland!“ | ❑ | ❑ |

**6. Roland möchte nicht vom 3-Meter-Brett springen.**

**a) Wie reagiert der Vater? Kreuze an.**
**Tipp: Das Bild unten hilft dir.**

❑ Der Vater findet es nicht schlimm und geht mit Roland eine Runde schwimmen.

❑ Der Vater ist wütend darüber und will Roland ins Wasser werfen.

**b) Eine Frau kommt Roland zu Hilfe.**
**Was sagt sie? Ergänze die Sätze in der Sprechblase.**

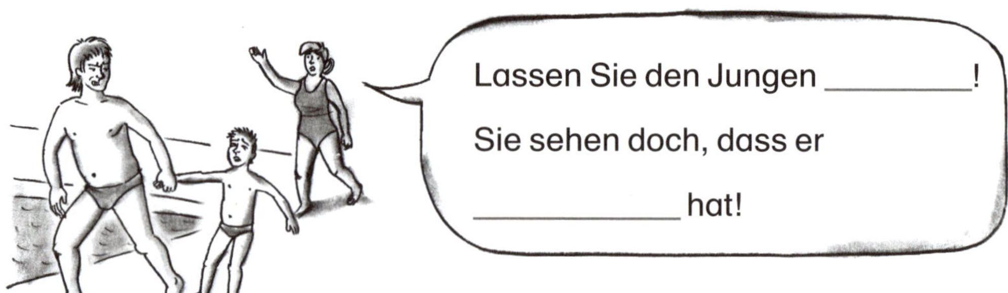

**7. Roland sieht seinen Vater und Herrn Holzkamp im Freibad-Restaurant Bier trinken. Wie findet ihr das? Sprecht in der Klasse darüber. Denkt daran: Auch Bier kann alkoholsüchtig machen.**

**8. Biggi kauft sich ein Eis. Roland fragt, ob er sich auch ein Eis kaufen darf. Was antwortet der Vater? Streiche die falsche Sprechblase durch.**

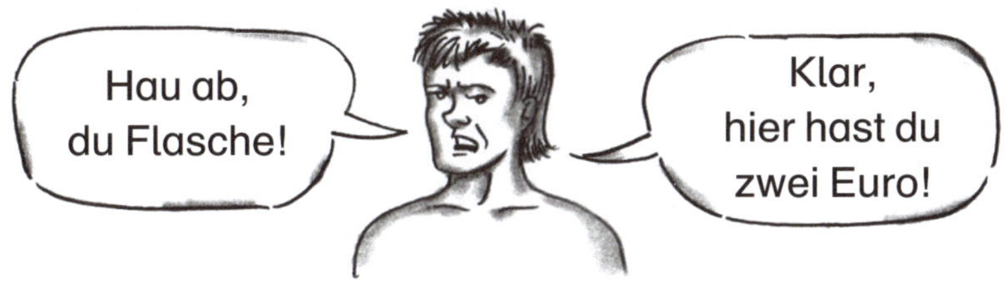


**9. Was denkt Roland jetzt wohl? Male die passenden Denkblasen rot aus.**

**10. An den Urlaub am Meer erinnert sich Roland gern. Male Roland mit den Eltern am Meer. Male auf ein weißes Blatt Papier. Tipp: Lies auf Seite 19 die Zeilen 44 bis 53.**

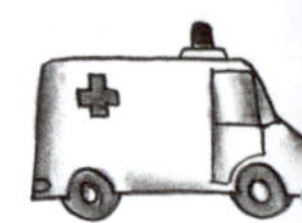

# Kapitel 4

In der Schule machte sich Roland ganz gut. Nur Freunde hatte er nicht. Da kam im siebten Schuljahr Buddi in Rolands Klasse. Buddi war schon vierzehn, ein Jahr älter als Roland. Schon bald hatte Buddi das Sagen in der Klasse. Roland wollte gern mit Buddi befreundet sein.

Nach den Osterferien trafen sich Roland und Buddi an einem Nachmittag zufällig im Park. Roland freute sich. Er hatte eine kleine Flasche Eierlikör dabei. Die hatte er von seiner Oma. Er hatte lange darum betteln müssen. „Willst du?“, fragte Roland. Buddi trank fast das ganze Fläschchen leer. Roland ließ sich den Rest auf die Zunge tropfen. „Gut, nicht?“, fragte er. Aber Buddi sagte: „Na ja, nicht schlecht. Aber ich trinke lieber Whisky und so was. Eierlikör ist was für Babys.“ „Ich trinke auch Whisky. Meistens“, sagte Roland, obwohl er noch nie welchen getrunken hatte. Buddi sagte: „Wenn du das Zeug leicht besorgen kannst, besuch mich doch mal.“ „Ich kann ja morgen kommen“, sagte Roland.

Roland ging gleich nach Hause. Er hatte einen Plan. Er lief ins Wohnzimmer und öffnete den Schrank, in dem die Eltern den Alkohol aufbewahrten. Die volle Flasche Whisky stand in der zweiten Reihe. Vorsichtig nahm er die Flasche aus dem Schrank. „Was willst du mit der Flasche?“, fragte plötzlich die Mutter. Sie stand in der Tür. Roland bekam einen heißen Kopf. Sein Herz schlug laut. „Ich brauche eine leere Flasche für die Schule … zum Basteln“, stotterte er.

Die Mutter nahm ihm die Flasche aus der Hand und schimpfte: „Du spinnst ja wohl!“ Dann sagte sie: „Du musst noch mal runter in den Laden von Herrn und Frau Teves. Wir haben kein Wasser mehr.“

Roland nahm den Korb mit den leeren Flaschen und ging die Treppe hinunter. Dann rannte er über die Straße. Bei Teves war es wie jeden Abend sehr voll. In dem kleinen Laden standen mindestens zehn Leute. Herr Teves und seine Frau waren beide schon über siebzig Jahre alt. Frau Teves konnte nicht mehr so gut sehen. Und Herr Teves musste oft hinunter in den Keller, etwas holen. Im Laden war nicht genug Platz für alles. Es dauerte manchmal lange, bis Herr Teves aus dem Keller wiederkam.

Roland musste mal wieder eine ganze Weile warten. Er stand neben dem Regal mit den Getränken. Direkt in der Höhe seiner Augen standen die kleinen Likörflaschen. Daneben standen andere Alkoholsorten, auch Whisky. Herr Teves war im Keller. Frau Teves unterhielt sich mit einer Kundin. Sie achteten nicht auf Roland. Roland lehnte sich gegen das Regal. Er nahm eine Flasche Whisky und ließ sie in seiner Jacke verschwinden. Sein Herz klopfte.

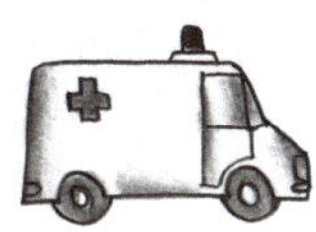

Niemand hatte etwas bemerkt. Dann kam Roland an die Reihe. Er stellte seinen Korb auf den Ladentisch. „Zwei Wasser“, sagte er zu Frau Teves. „Nimm dir die Flaschen einfach aus dem Regal“, antwortete Frau Teves und nahm die leeren Flaschen aus dem Korb. Roland bezahlte – und Herr Teves, der aus dem Keller zurück war, schenkte ihm einen Kaugummi.

Beim Abendessen hatte Roland gute Laune. Danach half er seiner Mutter beim Abwaschen und saß dann noch ein wenig im Wohnzimmer. Der Vater wollte seine Ruhe haben und die Mutter strickte. Roland sagte früh Gute Nacht.

In seinem Zimmer holte er die Whisky-Flasche hervor. Er legte sich aufs Bett und sah sich die Flasche an. Auf einmal kam seine Mutter ins Zimmer. Schnell versteckte Roland die Flasche unter der Decke. „Hier, eine leere Flasche für die Schule! Und nun schlaf schön“, sagte sie. Seine Ausrede hatte Roland schon ganz vergessen. Er stellte die leere Flasche zur Seite. Ob er die volle Flasche öffnen sollte? Um zu probieren, wie Whisky schmeckte? Roland tat es nicht. Er wollte nicht mit einer angebrochenen Flasche zu Buddi kommen.

Fortsetzung folgt

1. **Roland hat keine Freunde.**
   **Wie wichtig sind Freunde für euch?**
   **Sprecht in Gruppen darüber.**

2. **Roland ist jetzt dreizehn und in der siebten Klasse.**
   **Ein Neuer kommt in seine Klasse.**
   **Was hast du über den Neuen erfahren?**
   **Ergänze den Text.**
   **Tipp: Lies noch einmal Seite 24.**

   Der neue Schüler heißt ______________________.

   Er ist vierzehn, also ein Jahr ____________________

   als Roland. Schon bald hat Buddi das __________________

   in der Klasse.

3. **Roland möchte gern mit Buddi befreundet sein.**
   **Er freut sich, als er Buddi im Park trifft.**
   **Was hat Roland im Park dabei? Kreuze an.**

❑ den Fußball

❑ die Musik-CDs

❑ den Eierlikör

❑ die Cola

**4. Den Eierlikör hat Roland von seiner Oma.**
**Eierlikör enthält Alkohol.**
**Durfte die Oma Roland Eierlikör geben?**
**Tipp: Lies noch einmal den Sachtext auf Seite 9.**

**a) Kreuze an.**

❑ Ja ❑ Nein

**b) Begründe deine Antwort.**

Meiner Meinung nach darf die Oma

Roland ______________________ geben, weil
keinen Eierlikör / Eierlikör

______________________________________.

**5. Sprich mit einem Partner über diese Fragen:**
- **Was will Roland damit erreichen, dass er Buddi von dem Eierlikör anbietet?**
- **Wie findest du das, dass Roland Buddi von dem Eierlikör anbietet?**

**6. Buddi trinkt von dem Eierlikör. Er sagt danach: „Eierlikör ist was für Babys."**
**Wie fühlt sich Roland jetzt wohl? Kreise ein.**

zufrieden glücklich

stolz

groß klein

**7. Roland soll Buddi Whisky besorgen.
Dann darf er Buddi auch besuchen.
Sprecht in der Klasse über diese Fragen:**
- **Wie findet ihr das Verhalten von Buddi?**
- **Was sollte Roland jetzt tun?**
- **Wie kann die Freundschaft von Roland und Buddi weitergehen?**

**8. Roland will heimlich eine Flasche Whisky
aus dem Schrank der Eltern nehmen.
Die Mutter erwischt ihn.
Was tut Roland?
Streiche die falschen Sätze durch.**

Roland lügt seine Mutter an. Er sagt: „Ich brauche eine leere Flasche für die Schule … zum Basteln."

Roland entschuldigt sich bei seiner Mutter. Er sagt: „Ich habe einen Fehler gemacht!"

**9. Roland stiehlt im Laden von Frau und Herrn Teves
eine Flasche Whisky.
Welche Folgen kann ein Ladendiebstahl haben?**

**a) Lies auf Seite 31 die Sätze am Faden.
Beginne bei „Wer …"**

**b) Schreibe die Sätze in der richtigen Reihenfolge
in dein Heft.**

Wer bei einem Ladendiebstahl erwischt wird,
kann bei der Polizei angezeigt werden.

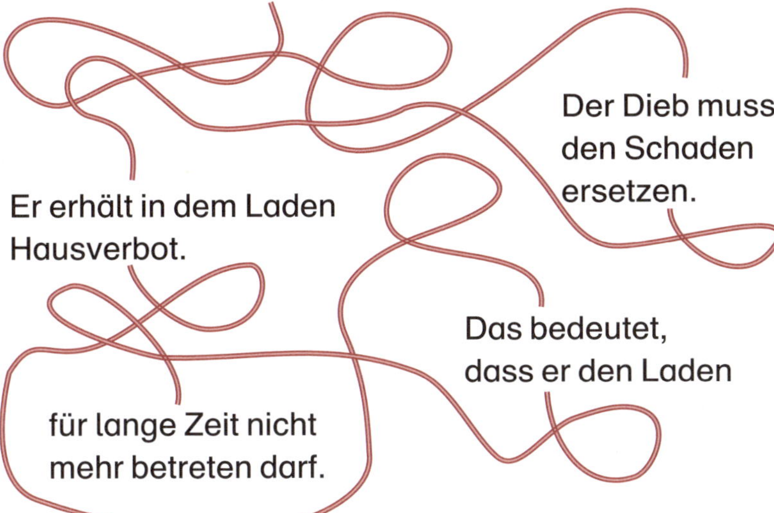


**10. Am Abend hält Roland die Whisky-Flasche in der Hand. Was denkt er jetzt? Ergänze passende Wörter.**

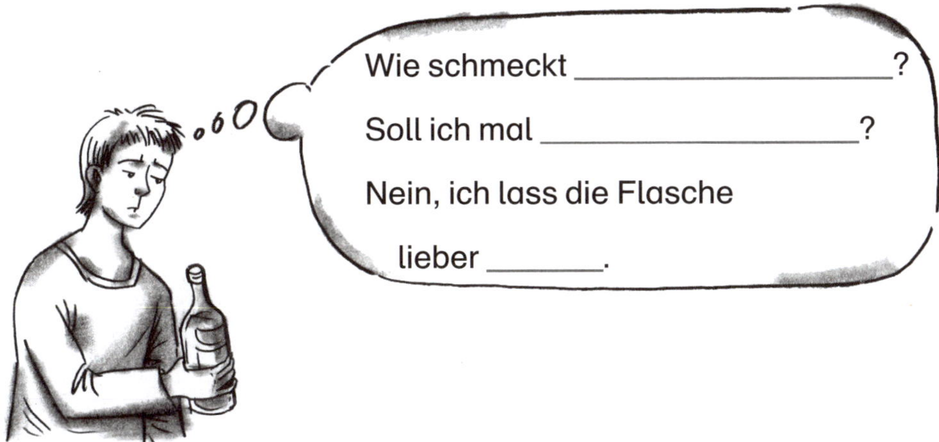

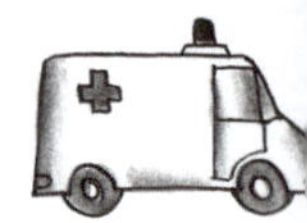

# Kapitel 5

Am nächsten Morgen wartete Roland vor der Schule auf Buddi. Er hatte die Whisky-Flasche dabei. „Hier“, sagte er, „für heute Nachmittag.“ Buddi wollte die Flasche sehen und Roland zeigte sie. Ein Mitschüler kam dazu. „Was habt ihr da?“, fragte er. „Mensch, hau bloß ab!“, sagte Buddi und ging zusammen mit Roland in die Klasse.

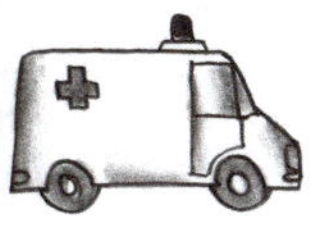  

 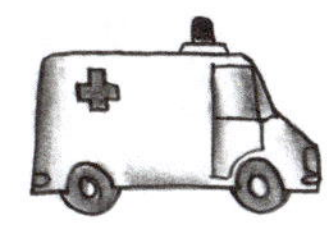

Nach dem Mittagessen wollte Roland so schnell wie möglich zu Buddi. Er nahm seine Schultasche und ging zur Tür. Aber seine Mutter fragte: „Wo willst du hin?“ „Zu Buddi“, antwortete Roland. „Wer ist das?“, wollte die Mutter wissen. „Ein Neuer aus meiner Klasse. Buddi und ich machen Mathe zusammen“, log Roland. „Um sechs Uhr bist du aber wieder hier“, sagte die Mutter. Roland antwortete: „Ja, ja …“

Als Roland bei Buddi ankam, machte Buddi selbst die Tür auf. „Komm rein“, sagte er. „Hast du die Flasche dabei?“, fragte er.

Buddi und Roland waren allein in der Wohnung. In Buddis Zimmer hingen jede Menge Poster an den Wänden. Und es stand ein Hochbett im Zimmer, von dem ein gelber Vorhang herabhing. Buddi zog den Vorhang zur Seite. Auf dem Boden unter dem Hochbett lagen Matratzen und Kissen. „Toll!“, rief Roland begeistert.

Den ganzen Nachmittag saßen sie unter dem Hochbett. Den Vorhang hatten sie zugezogen. Sie lasen Comics und hörten Musik. Ab und zu nahmen sie einen Schluck Whisky. Roland wurde angenehm müde.

Roland gab Buddi die Flasche und sagte: „Ich mag nicht mehr. Du kannst den Rest haben.“ „Ich vertrage eine Menge“, sagte Buddi. „Sonst hab ich mir immer etwas aus dem Schrank von meinen Eltern genommen. Wenn da eine Flasche fehlte, hat mein Alter das gar nicht gemerkt. Aber ein Freund von mir hat sich hier volllaufen lassen. Und seine Mutter hat sich bei meinen Eltern beschwert. Jetzt haben sie die Flaschen weggeschlossen. Und ich bekomme kein Taschengeld mehr.“ Roland sagte: „Ich kann ja wieder etwas mitbringen!“ „Mach das“, sagte Buddi.

Danach hörten sie ganz laut Musik. Roland fühlte sich wohl. Er nahm doch noch einen Schluck. Als er gehen musste, gab Buddi ihm Bonbons. Er sagte: „Die lutsche ich immer. Damit meine Mutter nicht riecht, dass ich getrunken habe.“

Roland lernte in den nächsten Wochen immer besser, wie er bei Teves Alkohol stehlen konnte. Er war bald auch nicht mehr so aufgeregt wie beim ersten Mal. Und nachmittags war er jetzt oft bei Buddi. Als die Teves einmal den Laden geschlossen hatten, ging Roland ohne Whisky zu Buddi. Buddi motzte: „Ich denke, du kannst so gut klauen!“ An diesem Nachmittag wussten sie nicht so richtig, was sie machen sollten. Roland ging bald wieder.

Manchmal kam Buddi auch zu Roland nach Hause. Einmal klingelten sie unten bei der alten Frau Marecke. Als sie öffnete, riefen sie: „Marecke! Alte, blöde Schnecke!“ Danach liefen sie die Treppe hinauf.

Morgens kam Roland nicht aus dem Bett. Die Mutter musste ihn immer wieder wecken. Sie fand, dass Roland schlecht aussähe. Deswegen fragte sie: „Was macht ihr eigentlich bei Buddi?“ „Wir machen zusammen Hausaufgaben“, log Roland.

In der Schule hatte Roland in allen Fächern Probleme. In Englisch hatte er gleich drei Fünfen hintereinander geschrieben. Er war morgens schon immer nach der ersten Stunde müde und schlief im Unterricht fast ein. Herr Thiele, sein Klassenlehrer, fragte Roland: „Was ist eigentlich mit dir los? Mir ist aufgefallen, dass du in letzter Zeit so still bist. Hast du Kummer?“ „Nö“, antwortete Roland. „In Deutsch bist du auch schlechter geworden“, sagte Herr Thiele. Roland mochte Herrn Thiele. Er war der einzige Lehrer, den er richtig gut fand. Herr Thiele war freundlich und ließ sich nicht von Schülern wie Buddi ärgern.

Fortsetzung folgt

**1. Am Morgen nach dem ersten Diebstahl wartet Roland auf Buddi. Was hast du noch erfahren? Beantworte die folgenden Fragen. Schreibe vollständige Sätze als Antwort auf. Tipp: Lies noch einmal Seite 32.**

– Wo wartet Roland auf Buddi?

Roland wartet ______________________________.

– Was will Buddi sehen?

______________________________

– Wer kommt dazu?

______________________________

– Wohin gehen Buddi und Roland zusammen?

______________________________

______________________________

**2. Stellt euch vor, ihr seid in der Klasse von Roland. Ihr seht, dass Roland Alkohol mit in die Schule bringt. Was tut ihr? Sprecht in Gruppen darüber. Ihr könnt euch auch Stichworte aufschreiben.**

______________________________

______________________________

______________________________

**3. Seitdem Roland mit Buddi zusammen ist, belügt er seine Eltern.**

**a) In welcher Situation hat er das erste Mal gelogen? Erzähle einem Partner. Tipp: Das Bild hilft dir.**

**b) Roland lügt seine Mutter wieder an. Was sagt er der Mutter? Ergänze den Satz. Tipp: Lies noch einmal Seite 35.**

Roland sagt: „Buddi und ich machen

_______________________________ zusammen."

**4. Roland besucht Buddi. Er erfährt: Die Eltern von Buddi schließen den Alkohol weg. Buddi bekommt auch kein Taschengeld mehr. Was wollen die Eltern damit verhindern?**

Die Eltern wollen damit verhindern, dass Buddi

_______________________________________________.

in die Schule geht / sich Alkohol besorgt und trinkt

**5. Findet ihr gut, was die Eltern machen? Und hilft es Buddi, keinen Alkohol zu trinken? Sprecht in der Klasse darüber.**

6. **Roland gefällt Buddis Zimmer. Hier siehst du es.
   Das Bild ist aber noch nicht fertig.
   Male das Bild weiter:**
   - **Male Poster an die Wände.**
   - **Male den Vorhang in der richtigen Farbe aus.**
     **Tipp: Lies noch einmal auf Seite 33
     die Zeilen 25 und 26.**
   - **Male auch den Rest vom Bild farbig aus.**

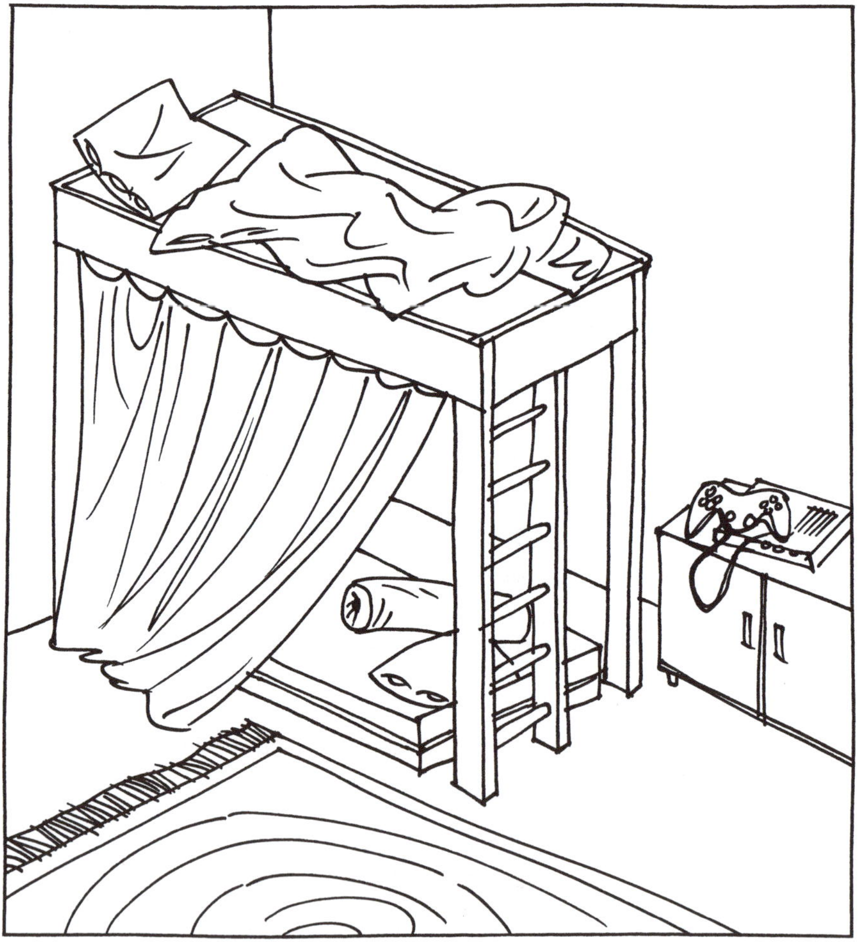

**7. Roland bringt Buddi immer gestohlenen Alkohol mit. Einmal kommt er ohne Alkohol. Wie reagiert Buddi? Unterstreiche den richtigen Satz.**

Buddi ist freundlich und sagt: „Dann trinken wir eben mal nichts.“

Buddi motzt: „Ich denke, du kannst so gut klauen!“

**8. Manchmal kommt Buddi auch zu Roland nach Hause. Was tun die beiden einmal? Streiche den falschen Satz durch.**

Buddi und Roland arbeiten für die Schule.
Buddi und Roland ärgern Frau Marecke.

**9. Roland verändert sich durch den Alkohol. Was bemerkt die Mutter? Kreuze an. Tipp: Lies noch einmal Seite 35.**

- ❑ Roland springt jetzt morgens fröhlich aus dem Bett.
- ❑ Die Mutter muss Roland immer wieder wecken, weil er morgens nicht aus dem Bett kommt.
- ❑ Roland ist durch den Alkohol gewachsen.
- ❑ Roland sieht schlecht aus.
- ❑ Roland hat in der Schule Probleme und schreibt schlechte Noten.

**10. Roland kommt nur noch mit einem Lehrer gut klar. Das ist Herr Thiele. Wie ist der Lehrer? Kreise ein.**

unfreundlich kalt freundlich

# Kapitel 6

Das Zeugnis von Roland war nicht gut. Aber er wurde in die achte Klasse versetzt. Vor allem in Englisch war er schlecht. Frau Gräve, die Englischlehrerin, machte ihn richtig nervös. Wenn sie ihn aufrief, wusste er plötzlich nichts mehr.

Eines Tages stand er kurz vor dem Ende von der Englischstunde auf. Frau Gräve sah ihn erstaunt an. Roland sagte: „Ich muss mal auf die Toilette" und verließ das Klassenzimmer.

Roland schloss die Toilettentür ab und setzte sich auf die Fensterbank. Dann zog er einen Flachmann aus seinem Stiefel. In der kleinen Flasche war Schnaps. Er trank die ganze Flasche aus. Roland hörte das Klingeln am Ende der Stunde nicht. Er hatte auch den Ärger im Unterricht vergessen. Als jemand gegen die Tür klopfte, erschrak er. Roland versteckte den Flachmann im Stiefel.

Vor der Toilettentür stand Buddi. Er sagte: „Guck mal, was ich hier habe!" Er machte seine Lederjacke auf und ließ Roland kurz eine Whisky-Flasche sehen. „Wollen wir abhauen?", fragte Buddi. „Von mir aus", antwortete Roland.

Niemand bemerkte, dass sie die Schule mit dem Mofa von Buddi verließen. Unterwegs besorgten sie sich an einer Tankstelle zwei Dosen Bier. Danach fuhren sie zum Park. Dort rasten sie mit großem Tempo über die Liegewiese. Dann legten sie sich in die Sonne und tranken das Bier. Ab und zu nahmen sie einen Schluck Whisky aus der Flasche.

Roland stellte sich vor, dass hinter dem Park das Meer wäre. Er ließ sich von den Wellen hin und her rollen. Später besorgte Buddi für jeden noch zwei Bier. Sie saßen im Gras und taten so, als ob sie auf einem Schlagzeug trommelten. Roland musste immer wieder lachen und konnte bald gar nicht mehr aufhören.

Es war jetzt kurz nach 15 Uhr. Roland erschrak. „Ich muss nach Hause!“, rief er. „Wir rufen an und sagen, dass du bei mir bist“, sagte Buddi. Aber sie hatten kein Handy dabei. Und dann war die Telefonzelle besetzt. Schließlich vergaß Roland, dass er seine Mutter anrufen wollte.

Buddi und Roland ließen das Mofa stehen und gingen zur U-Bahn-Station. Roland taumelte über die Straße. Als der Fahrscheinautomat in der U-Bahn nicht funktionierte, trat Roland dagegen. Beim Einsteigen in die U-Bahn stolperte er. In der Bahn konnte er sich kaum festhalten. Er stieß bei jeder Kurve gegen sitzende Fahrgäste. Eine Frau sagte: „Der ist ja besoffen!“

Nachdem Roland und Buddi am Opernplatz ausgestiegen waren, kamen sie an einer Baustelle vorbei. Buddi lehnte sich kräftig gegen die Tür im Bauzaun. Die Tür brach ein. Sie liefen über den Bauplatz und zu dem Haus, das gebaut wurde.

Im zweiten Stock von dem Rohbau lagen Säcke mit Zement. Die warfen sie aus dem Fenster und schrien dabei vor Vergnügen ganz laut. Die Säcke zerplatzten unten auf der Straße. Roland und Buddi bemerkten nicht, dass zwei Polizisten die Treppe heraufkamen. Die Polizisten nahmen sie mit zur Wache. Dort musste Roland warten, bis sein Vater ihn abholte. Der Vater wurde über den Vorfall aufgeklärt. „Es wird eine Strafanzeige wegen Sachbeschädigung geben“, sagte ein Polizist.

Während sie nach Hause fuhren, sagte der Vater kein Wort. Die Mutter stand schon in der Tür. „Ist etwas Schlimmes passiert?“, fragte sie. Der Vater machte die Tür hinter sich zu. Dann schlug er Roland ins Gesicht. „Dir treib ich das Saufen aus!“, schrie er. Roland wehrte sich nicht. Die Schläge trafen ihn überall auf dem Körper. Er hörte, wie die Mutter immer wieder rief: „Karl-Heinz, schlag den Jungen nicht tot!“

Fortsetzung folgt

**1. Das Zeugnis von Roland ist nicht gut.
Doch er wird versetzt. In welche Klassenstufe?
Übermale die falschen Antworten mit einem Bleistift.
Tipp: Lies noch einmal Seite 40.**

Roland wird in die **sechste** **achte** **zehnte** Klasse versetzt.

**2. Wie ist Roland in Englisch?
Und wie reagiert er auf die Lehrerin?
Verbinde so, dass die Aussagen stimmen.**

| | |
|---|---|
| Vor allem in Englisch | plötzlich nichts mehr. |
| Frau Gräve, die Englischlehrerin, macht | ist Roland schlecht. |
| Wenn sie ihn aufruft, weiß er | ihn richtig nervös. |

**3. Roland hält es im Englischunterricht nicht aus.
Was tut er? Kreuze an.**

- ❑ Roland spricht nach dem Unterricht mit der Lehrerin.
- ❑ Roland geht aus der Klasse und trinkt auf der Toilette heimlich Alkohol.
- ❑ Roland spricht zu Hause mit seinen Eltern über seine Schulprobleme.

**4. Buddi und Roland gehen nicht zur nächsten Unterrichtsstunde. Was machen sie der Reihe nach? Nummeriere die Sätze in der richtigen Reihenfolge.
Tipp: Lies noch einmal Seite 41.**

| | | |
|---|---|---|
| ☐ | Im Park rasen sie mit dem Mofa über die Wiese. | ko |
| ☐ | Sie besorgen zwei Dosen Bier an einer Tankstelle und fahren zum Park. | al |
| 4 | Ab und zu nehmen sie einen Schluck Whisky. | süch |
| ☐ | Danach legen sie sich in die Sonne und trinken das Bier. | hol |
| ☐ | Später holt Buddi für jeden noch zwei Bier. | tig |

**5. Was ist jemand, der regelmäßig viel Alkohol trinken muss? Ergänze das fehlende Adjektiv.
Tipp: Die Buchstaben hinter den Sätzen in Aufgabe 4 ergeben in der Reihenfolge der Nummern das fehlende Adjektiv.**

Jemand, der regelmäßig und viel Alkohol trinken muss,

ist ☐☐☐☐☐☐☐☐☐☐☐☐☐☐ .

**6. Warum sind Buddi und Roland in Gefahr, alkoholsüchtig zu werden? Sprecht in der Klasse darüber.**

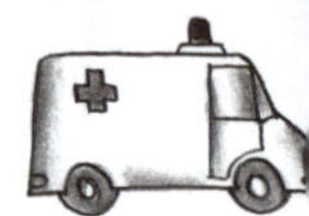

**7. Roland vergisst die Zeit. Plötzlich ruft er:**
**„Ich muss nach Hause!“**
**Was schlägt Buddi vor? Kreuze an.**

- ❑ „Wir rufen bei dir an und fragen, ob du später nach Hause kommen darfst!“
- ❑ „Wir rufen bei dir an und sagen, dass du bei mir bist!“

**8. Warum ruft Roland nicht zu Hause an?**
**Schreibe drei Antwortsätze in dein Heft.**
**Tipp: Die Satzanfänge und Wortgruppen helfen dir.**

Zuerst ruft Roland nicht zu Hause an, weil / kein Handy /
Dann / die Telefonzelle / besetzt /
Schließlich / vergisst anzurufen

**9. Roland ist vom vielen Bier und dem Whisky betrunken. Was tut Roland?**
**Trage die Verbformen (das Verb = das Tuwort) aus dem Kasten in die Lücken ein.**

stolpert / lachen / ~~tritt~~ / ~~taumelt~~ / stößt / festhalten

Roland muss immer wieder ______________________.

Er *taumelt* über die Straße. Als der Fahrscheinautomat nicht funktioniert, *tritt* er dagegen. Beim Einsteigen in die U-Bahn ______________________ er.

In der Bahn kann er sich kaum ______________________.

Er ________________ bei jeder Kurve gegen Fahrgäste.

**10. Wer zu viel Alkohol trinkt, wird betrunken.
Wie verhalten sich Betrunkene?
Sprecht in der Klasse darüber.**

**11. Buddi und Roland sind betrunken.
Sie zerstören Dinge, die ihnen nicht gehören.
Lies den folgenden Sachtext.**

### Alkohol verändert das Verhalten

Von Alkohol werden manche Menschen **lustig**. Manche Menschen werden von Alkohol **aggressiv**, das heißt, sie sind zu Gewalt bereit. Betrunkene **verlieren ihre Hemmungen**. Sie tun dann Dinge, die sie sonst nicht tun würden. Betrunkene **verlieren die Kontrolle über sich**. Sie **schätzen ihr Verhalten und die Folgen falsch ein**.

**12. Was hast du im Sachtext erfahren?
Beantworte die Fragen mit vollständigen Sätzen.
Schreibe die Fragen und Antworten in dein Heft.**
- **Wie werden manche Menschen von Alkohol?**
- **Was schätzen Betrunkene falsch ein?**

**13. Der Vater holt Roland bei der Polizei ab.
Danach schlägt er Roland.
Sprecht in der Klasse über diese Fragen:**
- **Darf der Vater Roland schlagen?**
- **Warum helfen Schläge Roland nicht, vom Alkohol loszukommen?**

# Kapitel 7

Buddi wurde von den Eltern in ein Internat geschickt. Roland bekam vier Wochen Hausarrest und kein Taschengeld. Aber in der zweiten Woche gab die Mutter Roland heimlich etwas Geld. Sie sagte: „Aber erzähl es deinem Vater nicht!" „Nein, bestimmt nicht!", antwortete Roland.

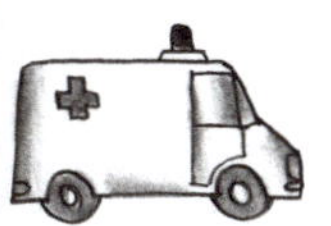  

Roland kaufte sich von dem Geld eine Flasche Schnaps. Die Flasche versteckte er in seinem Kleiderschrank. Er wollte sie dort aufbewahren und nicht gleich trinken. Aber er schlief unruhig und fühlte sich am Morgen schlecht. Da holte er die Flasche aus dem Schrank. Nach dem ersten Schluck fühlte er sich besser.

Ein paar Tage später nahm Roland Geld aus dem Portmonee von seiner Mutter. Davon kaufte er eine neue Flasche Schnaps. „Endlich hab ich wieder Vorrat“, dachte Roland.

Als er am Freitag aus der Schule kam, weinte die Mutter. „Dass du mir das antun musst!“, sagte sie. Sie hatte die leeren Flaschen gefunden. Roland hatte es nicht mehr geschafft, sie wegzubringen. Er log: „Die lagen schon lange im Schrank!“ Die Mutter versuchte, Roland in den Arm zu nehmen. Roland war das unangenehm.

Zu seinem fünfzehnten Geburtstag bekam Roland von seinen Eltern eine gute Kamera geschenkt. „Damit kannst du tolle Fotos machen“, sagte die Mutter. Der Vater sagte: „Eigentlich hast du das gar nicht verdient!“ Aber dann boxte er Roland freundschaftlich in die Seite.

Einige Wochen später kam von der Schule ein Brief. Darin stand, dass Roland an mehreren Tagen ohne Entschuldigung gefehlt hatte. Die Mutter sagte: „Kind, was machst du bloß?“

Roland fragte: „Kannst du nicht dem Thiele sagen, dass ich an den Tagen immer zum Arzt musste?“ „Oje, oje. Das dürfen wir deinem Vater alles gar nicht sagen! Du weißt, was der für ein Theater macht!“, antwortete die Mutter.

Am nächsten Tag ging die Mutter in die Schule. Herr Thiele hatte sie und Roland zu einem Gespräch bestellt. Die Mutter sagte: „Roland hat öfters gefehlt, weil er zum Arzt musste.“ Aber Herr Thiele sagte: „Frau Geiger, das glaube ich nicht. Ich habe das Gefühl, dass Roland auf dem Wege ist, alkoholabhängig zu werden.“ Die Mutter war entsetzt. Roland dachte: „Woher weiß der davon?“ Er rief: „So viel trinke ich gar nicht!“ Herr Thiele sagte zu der Mutter: „Sie und Ihr Mann sollten mit Roland zu einer Stelle für Suchtberatung gehen. Alkoholabhängigkeit ist eine Krankheit. Jugendliche werden viel schneller von Alkohol abhängig als Erwachsene.“ Dann sagte Herr Thiele noch: „Roland muss sich auch sehr anstrengen, wenn er in die nächste Klasse kommen will. Er hat in Englisch eine Fünf und in Mathematik und Biologie eine schwache Vier.“

Auf dem Weg nach Hause weinte die Mutter. Roland hatte ein schlechtes Gewissen.

Roland sagte: „Mami, bitte glaub mir! Ich trinke überhaupt nichts mehr!“ Roland nahm sich fest vor, weniger zu trinken. Er machte sich einen Plan: „Vor 17 Uhr keinen Alkohol trinken. Am Abend nur alle drei Stunden Alkohol trinken. Nichts Hartes, keinen Whisky und Schnaps mehr trinken. Nur noch Bier.“

Roland schlief jetzt meist schlecht. Oft wachte er in der Nacht auf. Die Eltern merkten nichts davon. Nur wenn Roland etwas getrunken hatte, fühlte er sich gut. Er hatte selten Hunger und aß nur noch wenig.

Fortsetzung folgt

1. **Buddi wird von seinen Eltern auf ein Internat geschickt. Was ist ein Internat? Erklärt mit eigenen Worten in der Klasse.**
   **Tipp: Wenn ihr nicht weiterwisst, schlagt in einem Wörterbuch nach.**

2. **Roland sieht Buddi jetzt nicht mehr. Was bedeutet das für Roland? Wie fühlt er sich wohl? Unterstreiche die passenden Antworten farbig.**

   Roland verliert seinen einzigen Freund.

   Roland ist froh, Buddi endlich los zu sein.

   Roland fühlt sich endlich frei.

   Roland fühlt sich verlassen und allein.

3. **Roland bekommt vier Wochen Hausarrest und kein Taschengeld. Wie findest du die Strafe? Kreuze an.**

   Ich finde die Strafe
   ❑ viel zu gering. ❑ genau richtig. ❑ viel zu hoch.

4. **Die Mutter gibt Roland heimlich Geld. Sprecht in der Klasse über diese Fragen:**
   - **Warum gibt die Mutter das Geld wohl heimlich?**
   - **Was kauft Roland von dem Geld?**
   - **Soll die Mutter Roland weiter Geld geben?**

**5. Roland muss jetzt regelmäßig Alkohol trinken. Sonst fühlt er sich nicht gut. Welche Nomen (Namenwörter) passen zum Verhalten von Roland? Unterstreiche.**

die Freude

die Abhängigkeit

die Sucht

die Gesundheit

die Stärke

die Heimlichkeit

die Krankheit

die Sicherheit

die Schwäche

**6. Die Alkoholsucht bringt Roland immer wieder dazu, zu lügen und zu stehlen. Warum? Lies die Sätze am Faden. Beginne bei „Roland …“**

Roland soll nicht trinken.

Deshalb lügt er seine Eltern oft an.

Er kann mit dem Trinken aber nicht mehr aufhören.

Das ist teuer.

Roland braucht immer wieder neuen Alkohol.

Deshalb stiehlt Roland Geld aus dem Portmonee von seiner Mutter.

**7. Roland versteckt den Alkohol zu Hause.**
**Seine Mutter findet zwei leere Flaschen.**
**Wie reagiert die Mutter?**
**Streiche die falschen Sätze durch.**

Die Mutter tut so, als ob nichts passiert wäre.

Die Mutter weint und macht Roland Vorwürfe.

Sie schlägt Roland.

Sie versucht, Roland in den Arm zu nehmen.

**8. Wie ist das Verhalten von der Mutter?**
**Sprecht in der Klasse darüber.**
**Sprecht auch über die Sätze im Kasten.**

> Die Mutter hat Angst um ihren Sohn.
> Die Mutter weiß nicht, wie sie ihrem Sohn helfen kann.
> Die Mutter denkt nur an sich.

**9. Was bekommt Roland**
**zu seinem fünfzehnten Geburtstag von seinen Eltern?**
**Kreuze das richtige Bild an.**

**10. Herr Thiele, der Lehrer, hat die Mutter und Roland zu einem Gespräch bestellt. Er rät der Mutter, gemeinsam mit ihrem Mann und Roland zu einer Stelle für Suchtberatung zu gehen.**

**a) Informiert euch im Internet über Suchtberatung: Gebt „Suchtberatung" in eine Suchmaschine ein.**

**b) Schreibt Stichworte zu Suchtberatung an die Tafel.**

**c) Sprecht über die Stichworte an der Tafel.**

**11. Wenn eine Person in einer Familie alkoholsüchtig ist, braucht die ganze Familie Hilfe. Warum? Sprecht in der Klasse darüber.**

**12. Was passiert nach dem Gespräch mit Herrn Thiele? Sind die Sätze richtig oder falsch? Kreuze an.**

| | richtig | falsch |
|---|---|---|
| Die Mutter weint. | ❑ | ❑ |
| Roland nimmt sich fest vor, weniger zu trinken. | ❑ | ❑ |
| Die Eltern gehen mit Roland zu einer Stelle für Suchtberatung. | ❑ | ❑ |
| Roland schläft nachts immer durch. | ❑ | ❑ |
| Roland fühlt sich nur gut, wenn er Alkohol getrunken hat. | ❑ | ❑ |

**13. Was geht jetzt in Roland vor? Stellt in der Klasse Vermutungen an.**

# Kapitel 8

Roland hatte Glück und wurde in die neunte Klasse versetzt. Er bekam einen neuen Klassenlehrer, Herrn Bromme. In Englisch behielt er Frau Gräve. Vor jeder Klassenarbeit in Englisch konnte Roland nicht einschlafen.

Deshalb gab ihm die Mutter Tabletten.

Sie machten ihn angenehm ruhig.

Mitten im Schuljahr kam Elisabeth Kühn in die Klasse. Sie kam aus einer anderen Stadt. Elisabeth war gut in der Schule. Roland fand Elisabeth schön und er verstand sich auch gut mit ihr. Einmal schrieb die Klasse eine Mathearbeit. Roland konnte sich nicht konzentrieren. Seine Hände zitterten und seine Schrift wurde immer krakeliger. Ihm brach der Schweiß aus. Roland meldete sich und sagte: „Mir ist schlecht." „Ich bin schon fertig. Soll ich mal mit Roland rausgehen?", fragte Elisabeth Herrn Bromme. „Gut. Geht an die frische Luft", sagte der Lehrer.

Im Treppenhaus machte Elisabeth ein Fenster auf. Roland zitterte. „Ist dir kalt?", fragte Elisabeth. Roland war es plötzlich egal, dass Elisabeth da stand und ihn ansah. „Ich muss mal etwas trinken", sagte er. Roland zog die kleine Flasche aus dem Stiefel. Elisabeth fragte: „Brauchst du das?" „Manchmal …", antwortete Roland.

Roland war jetzt oft mit Elisabeth zusammen. Am Anfang vergaß er schon mal das Trinken. Doch dann musste er doch wieder jeden Morgen Alkohol haben. Und abends nahm er sich ein Bier aus dem Kühlschrank. Dann guckte die Mutter komisch. „Nur ein Bier, Mami", sagte Roland dann. Er trank insgesamt aber weniger Alkohol als früher.

Einmal waren Roland und seine Freunde im Jugendzentrum. Martin hatte heimlich eine Flasche Rum mitgebracht. Er wollte allen etwas einschenken. Aber Roland hielt seine Hand über das Glas. „Danke, ich möchte nichts“, sagte er. „Dein Kindermädchen passt wohl auf dich auf“, antwortete Martin grinsend. Elisabeth sagte: „Du bist gemein, Martin!“ Roland war das Ganze peinlich.

Dann gab es wieder Zeugnisse. Roland hatte auch diesmal Angst, dass er nicht versetzt wird. Zu Elisabeth sagte er: „Wenn ich nicht versetzt werde, gehe ich von der Schule ab!“ Er dachte: „Was soll ich auf der Schule, wenn ich nicht mehr mit Elisabeth in einer Klasse bin!“ Aber Roland hatte Glück. Auch dieses Schuljahr wurde er wieder versetzt.

Zu Hause sagte der Vater: „Das muss gefeiert werden!“ Er öffnete zum Abendessen eine Flasche Wein. Schnell war die Flasche leer. Also machte der Vater noch eine auf. Nach dem Essen setzten sie sich ins Wohnzimmer. Plötzlich fiel dem Vater ein, dass er im Büro etwas vergessen hatte. „Mist. Jetzt muss ich noch mal los. Kommst du mit, Roland?“, fragte er. Roland nickte.

Vor dem Büro blieb der Vater stehen. „Lass uns in der Kneipe nebenan erst noch schnell ein Bier trinken“, schlug er Roland vor. „Du bist ja kein kleiner Junge mehr.“ „Ja … von mir aus“, sagte Roland langsam.

In der Kneipe wurde der Vater mit Hallo begrüßt. „Das ist mein Sohn Roland. Wir feiern gerade seine Versetzung in die zehnte Klasse“, sagte der Vater. „Na großartig! Darauf müssen wir anstoßen!“, rief einer von seinen Freunden. „Eine Runde auf mich! Bier und Schnaps wie immer!“, rief der Vater dem Wirt zu. Als die Getränke kamen, fühlte sich Roland nicht wohl. Er schob die Hand über die Tischplatte zum Glas. Es sollte niemand merken, wie sehr die Hand zitterte. Roland sah, wie die anderen den Schnaps hinunterkippten. Dann trank er auch, obwohl er es lieber nicht wollte.

Fortsetzung folgt

1. **Roland wird in die neunte Klasse versetzt. Er bekommt einen neuen Klassenlehrer. Wie heißt der neue Lehrer? Kreuze an. Tipp: Lies noch einmal Seite 56.**

   ❑ Herr Thiele ❑ Herr Gräve ❑ Herr Bromme

2. **Roland hat ein Problem: Er kann vor Klassenarbeiten in Englisch schlecht einschlafen. Was tut die Mutter? Streiche die falschen Sätze unter dem Bild durch.**

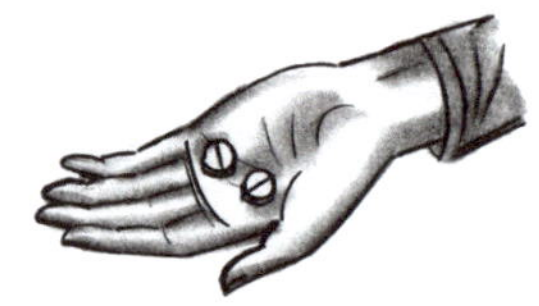

Sie macht Übungen zur Entspannung mit Roland.
Sie gibt Roland zur Beruhigung Tabletten.
Sie geht mit Roland zu einem Arzt und fragt um Rat.

3. **Die Tabletten helfen Roland, ruhiger zu sein. Warum sind sie trotzdem keine gute Hilfe? Sprecht in Gruppen darüber. Tipp: Die Argumente in den Sprechblasen helfen euch.**

Wenn Roland die Tabletten regelmäßig nimmt, kann er süchtig danach werden.

Die Tabletten lösen die Schulprobleme von Roland nicht.

Die Tabletten nehmen Roland nicht seine Angst. Er spürt die Angst nur für ein paar Stunden nicht.

**4. Mitten im Schuljahr kommt eine Neue in die Klasse.
Was erfährst du über sie? Ergänze die Sätze.**

Die Neue heißt ______________________________.
Elfriede Kühl / Elisabeth Kühn

Sie kommt aus ______________________________.
dem Nachbardorf / einer anderen Stadt

Die Neue ist ____________________ in der Schule.
gut / schwach

**5. Was denkt Roland vielleicht über die Neue?
Schreibe in die Denkblase.**

Ich ______________________________

______________________________

**6. Was passiert Roland während einer Mathearbeit?
Verbinde so, dass die Aussagen stimmen.**

| | |
|---|---|
| Roland kann sich | zittern. |
| Seine Hände | der Schweiß ausbricht. |
| Die Schrift wird | nicht konzentrieren. |
| Roland spürt, wie ihm | krakelig. |

**7. Was ist mit Roland wohl los?
Stellt Vermutungen in der Klasse an.**

**8. Roland hat Entzugs-Erscheinungen. Lies den folgenden Sachtext dazu.**

Entzugs-Erscheinungen

Ein alkoholsüchtiger Mensch, ein Alkoholiker, braucht immer wieder Alkohol. Fehlt der Alkohol, beginnen die **Entzugs-Erscheinungen**: Der Alkoholsüchtige **zittert** dann stark, **schwitzt**, **ist unruhig** und **kann sich nicht gut konzentrieren**. Auch **Erbrechen** und **Durchfall** sind möglich. Diese Entzugs-Erscheinungen hören für kurze Zeit auf, wenn der Alkoholiker wieder Alkohol trinkt. Um die Entzugs-Erscheinungen für immer zu verlieren, muss der Alkoholiker einen **Entzug** machen. Er darf **keinen Alkohol** mehr trinken.

**9. Was sind Entzugs-Erscheinungen? Erklärt.**

**10. Beantworte die folgenden Fragen mit Stichworten. Arbeite mit einem Partner zusammen.**

– Was tut Roland gegen die Entzugs-Erscheinungen?

– Was muss Roland tun, um die Entzugs-Erscheinungen für immer zu verlieren?

**11. Roland vertraut Elisabeth an, dass er manchmal Alkohol braucht. Was verändert sich durch die Freundschaft mit Elisabeth? Kreuze an.**

- ❑ Roland trinkt gar keinen Alkohol mehr.
- ❑ Roland trinkt mehr Alkohol.
- ❑ Roland trinkt weniger Alkohol.

**12. Ein Junge hat Rum mit ins Jugendzentrum gebracht. Rum enthält viel Alkohol. Was passiert?**

**a) Lest noch einmal auf Seite 58 die Zeilen 37 bis 46.**

**b) Spielt in der Klasse die Situation im Jugendzentrum.**

**c) Wie hätte die Situation anders ausgehen können? Spielt die Situation anders.**

**13. Roland wird versetzt.
Das möchte der Vater feiern.
Was macht der Vater? Kreuze an.**

- ❑ Der Vater nimmt seinen Sohn in den Arm und lädt ihn ins Kino ein.
- ❑ Der Vater öffnet zum Abendessen zwei Weinflaschen und nimmt Roland mit in eine Kneipe.

**14. In der Kneipe möchte Roland lieber nicht trinken.
Warum trinkt er trotzdem?
Sprecht in der Klasse darüber.**

# Kapitel 9

Im Park sprach Roland ein junger Mann an.

„Willst du Hasch haben?“, fragte er.

„Nee danke, mit so was mach ich mich nicht kaputt“, antwortete Roland.

Sie standen ein bisschen herum.

Dann sagte der junge Mann: „Hast du vielleicht Lust, mit mir ein Bier trinken zu gehen?“

Roland hatte Lust. Und die beiden gingen zu einer Gaststätte in der Nähe.

Harald, so hieß der junge Mann, bestellte zwei Bier.
Er sagte zu Roland: „Ich lade dich ein!“
Er bezahlte auch die beiden nächsten Biere.
Roland sah, dass Harald viel Geld bei sich hatte.
Er fragte Harald: „Wie alt bist du eigentlich?“
„Zwanzig“, antwortete Harald.
„Und was machst du?“, fragte Roland weiter.
„Im Augenblick nichts. Ich bin arbeitslos“, antwortete Harald. „Aber sag mal, weißt du nicht jemanden, der Whisky haben möchte? Ich kann Whisky ganz billig besorgen.“
„Was soll der denn kosten?“, fragte Roland.
„Ein Karton mit zwölf Flaschen kostet nur 100 Euro!“
Roland sagte: „Ich hätte schon Interesse.
Aber ich habe nicht so viel Geld.“
„Kein Problem. Ein Handy oder eine Kamera tun es auch“, sagte Harald.
„Eine Kamera habe ich.“
Sie verabredeten sich für den nächsten Tag.

Auf dem Nachhauseweg überlegte Roland:
„Wo soll ich den Karton mit den zwölf Flaschen bloß verstecken?“ Etwas später kam er an dem Rohbau im Grüneburgweg vorbei.
„Da finde ich sicher ein gutes Versteck“, dachte er.

Die zwölf Flaschen in dem Karton waren schneller leer, als Roland gedacht hatte. Er gewöhnte sich wieder an das Whisky-Trinken. Und Harald besorgte neuen Whisky für Roland. Nur bezahlen konnte Roland den Whisky nicht mehr. Bald hatte er 250 Euro Schulden bei Harald.

Dann war Elisabeths Geburtstag. Sie wollte eine Party feiern. Sie fragte Roland: „Kannst du etwas früher zum Helfen kommen? Um 19 Uhr vielleicht?“
„Mach ich“, antwortete Roland.

Die Mutter gab Roland 10 Euro.
Damit sollte er ein Geschenk für Elisabeth kaufen.
Aber dann traf Roland einen Jungen aus der Schule.
„Kommst du mit, ein Bier trinken?“, fragte der.
Roland ging mit.

Es war schon nach 21 Uhr, als Roland bei Elisabeth ankam. Schon im Treppenhaus hörte er die Musik.
„Roland, endlich!“, rief Elisabeth.
„Ich konnte nicht eher. Ich hatte einen Unfall mit dem Fahrrad“, log Roland.
„Ist denn alles in Ordnung?“, fragte Elisabeth.
„Ja, klar“, antwortete Roland, „was guckst du denn so?“
„Ach, nichts“, sagte Elisabeth.
Roland brauste auf: „Nerv mich nicht!“
„Nun sei doch nicht so empfindlich! Du hast mir noch nicht mal gratuliert!“, sagte Elisabeth.
Roland näherte sich Elisabeth, um ihr einen Kuss zu geben. Aber sie drehte ihren Kopf weg.
Roland merkte, wie ihm heiß wurde.
Er hatte ein schlechtes Gewissen.
Elisabeth sah ihn an. „Du hast ja schon wieder gesoffen!“, sagte sie verärgert.
Da rief Roland: „Lass mich in Ruhe!“ und stolperte die Treppen hinunter und lief ins Jugendzentrum.
Dort fand eine Fete statt.

Im Jugendzentrum waren auch ein paar Lehrer. An einem Tisch saß Herr Thiele, der frühere Klassenlehrer von Roland. Er winkte Roland zu sich, aber Roland ging an die Theke. „Schieb mir mal ein Bier rüber“, sagte Roland zu der Bedienung. „Hier gibt es keinen Alkohol“, antwortete sie. „Ein Scheißladen ist das hier!“, schimpfte Roland. Er lehnte sich über die Theke und stieß zwei volle Gläser um. Jemand sagte: „Der ist besoffen und will hier Ärger machen. Schmeißt ihn raus!“ „Fasst mich nicht an!“, brüllte Roland. Herr Thiele kam zu Roland herüber. „Komm, Roland“, sagte er, „ich bring dich nach Hause!“

Auf der Straße wollte Herr Thiele Roland am Arm festhalten. Roland machte sich los und wollte weglaufen. Aber er fiel hin. Herr Thiele half ihm auf und sie gingen weiter. Unterwegs schwiegen sie. Als sie bei Roland angekommen waren, fragte Herr Thiele: „Du, Roland, seid ihr eigentlich bei einer Suchtberatungsstelle gewesen?“ Roland zuckte mit den Schultern. „Nee“, sagte er. „Das geht so nicht weiter, Roland!“, sagte Herr Thiele. „Willst du mich nicht mal besuchen? Du weißt doch, wo ich wohne.“ „Keinen Bock“, sagte Roland und ging ins Haus.

Fortsetzung folgt

**1. Im Park lernt Roland einen jungen Mann kennen. Was hast du über den jungen Mann erfahren? Ergänze den Steckbrief.**

arbeitslos / Harald / 20

Vorname: ____________________

Alter: ________ Jahre

zurzeit ____________________

**2. Harald will Roland Hasch verkaufen. Was ist Hasch? Lies den folgenden Sachtext.**

Hasch (Haschisch)

Hasch ist die Abkürzung für **Haschisch**. Haschisch ist eine **Droge.** Es ist **verboten**, Haschisch **zu kaufen** oder **zu verkaufen**. Alle Drogen **sind schädlich** für die Gesundheit. Das Rauchen von Haschisch schädigt zum Beispiel deine Lunge.

**3. Was hast du im Sachtext erfahren? Kreuze an.**

- ❑ Haschisch ist eine Droge.
- ❑ Haschisch ist schädlich für die Gesundheit.
- ❑ Es ist erlaubt, Haschisch zu kaufen oder zu verkaufen.

**4. Kauft Roland Haschisch bei Harald? Kreuze an.**

❑ Ja ❑ Nein

**5. Roland gibt Harald seine Kamera und bekommt dafür eine Kiste Whisky. Wie viele Flaschen sind in der Kiste?**

**a) Zähle die Flaschen.**

**b) Trage die richtige Zahl in das Kästchen ein.**

In der Kiste sind ☐ Flaschen Whisky.

**6. Alkohol an Jugendliche oder Kinder zu verkaufen ist verboten. Harald tut es trotzdem. Woher hat Harald den Whisky wohl? Sprecht in der Klasse darüber.**

**7. Wo versteckt Roland die Whisky-Kiste? Unterstreiche.**

im Schrank zu Hause im Rohbau im Grüneburgweg

**8. Roland bekommt noch mehr Whisky von Harald. Wie viel Geld schuldet er Harald? Kreuze an. Tipp: Lies noch einmal auf Seite 65 die Zeile 38.**

❑ 

❑ 

❑ 

**9. Elisabeth hat Geburtstag.**
**Die Mutter gibt Roland 10 Euro für ein Geschenk.**
**Was könnte Roland Elisabeth dafür kaufen?**
**Male in den Rahmen.**

**10. Elisabeth bittet Roland um etwas. Um was?**
**Ergänze die Fragen.**
**Tipp: Lies noch einmal Seite 66.**

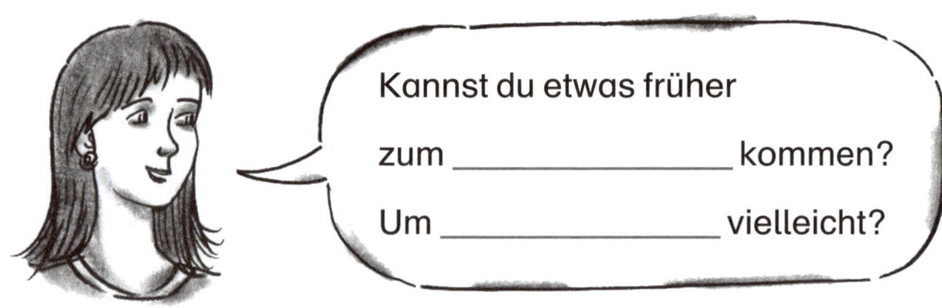

**11. Roland geht los, um ein Geschenk zu kaufen. Was passiert der Reihe nach?**

**a) Nummeriere die Sätze in der richtigen Reihenfolge.**

**b) Schreibe die Sätze in der richtigen Reihenfolge in dein Heft.**

- ☐ Roland kommt nach 21 Uhr bei Elisabeth an.
- 1 Roland verspricht, dass er Elisabeth bei den Vorbereitungen für ihre Party helfen wird.
- ☐ Roland läuft ins Jugendzentrum und macht dort Ärger.
- ☐ Es kommt zum Streit zwischen Elisabeth und Roland, weil Roland betrunken ist.
- ☐ Roland kauft kein Geschenk, sondern geht mit einem Jungen aus der Schule ein Bier trinken.

**12. Roland verlässt betrunken das Jugendzentrum. Er fällt hin. Wer bringt ihn nach Hause? Kreuze an.**

❑ Elisabeth ❑ Herr Thiele, der Lehrer

# Kapitel 10

Am nächsten Nachmittag rief Roland bei Elisabeth an.

„Du, hab ich mich gestern schlecht benommen auf deiner Party?“, fragte er.

„Du bist doch gleich wieder gegangen! Und du warst betrunken …“, antwortete Elisabeth.

„Ich muss noch woanders hingegangen sein“, sagte Roland. „Ich ruf wieder an. Tschüss erst mal.“

Er legte auf.

Roland war in Sorge: Er konnte sich an nichts erinnern. Er wusste nur, dass noch irgendetwas geschehen war.

Am nächsten Morgen schwänzte Roland die ersten beiden Schulstunden. Er ging in den Park und setzte sich auf eine Bank. Plötzlich standen Harald und zwei fremde Männer vor Roland.

„Wir wollen den Kies sehen“, sagte der eine. „Welchen Kies?“, fragte Roland. „Die 250 Mäuse, die du uns schuldest!“, sagte der Größere von den beiden. „Ich hab das Geld aber nicht“, sagte Roland. „Dann gehen wir jetzt mit dir nach Hause und du bittest Mami und Papi um das Geld!“, befahl der Kleinere. Die beiden Männer nahmen Harald und Roland in die Mitte und gingen zu ihrem Auto.

Auf der Fahrt dachte Roland nach. Er schwitzte vor Angst. Woher sollte er das Geld nehmen? Da fiel ihm der Ring seiner Mutter ein. Sein Vater hatte ihn der Mutter zur Geburt von Roland geschenkt. Die Mutter trug den Ring aber nur selten. Er lag schon ewig in ihrem Nachttisch. So schnell würde sie nicht merken, dass der Ring fehlt. Vor dem Haus hielten die Männer. „Wir warten hier. Aber wir warten nicht lange. Dann kommen wir nach“, drohte der Große.

Roland rannte die Treppen hinauf. „Hoffentlich ist Mama zum Einkaufen“, dachte er. Tatsächlich war niemand zu Hause. Im Schlafzimmer riss Roland die Schublade aus dem Nachttisch. Er steckte das kleine Kästchen mit dem Ring ein. Dabei zitterte er.

Das Auto stand noch immer vor dem Haus. Roland zeigte den Männern den Ring. Dann fuhren sie zu einem Leihhaus. Die Männer nahmen den Ring und gingen hinein. Als sie wiederkamen, gaben sie Roland einen Pfandschein. 300 Euro hatten die Männer für den Ring bekommen. „Aber ich schulde euch doch nur 250 Euro“, sagte Roland. „Den Rest behalten wir, weil wir so lange auf das Geld warten mussten“, antwortete der Große. Dann ließen sie Roland aussteigen und fuhren davon.

Am nächsten Morgen fühlte sich Roland krank. Er wollte nicht aufstehen. „Du hast bestimmt wieder getrunken“, klagte die Mutter. Roland drehte sich zur Wand. Er fror. „Nein, ich hab nur etwas Schlechtes gegessen“, behauptete er. Später dachte Roland an die Flaschen im Rohbau. Er wollte trinken. Deswegen stand er auf und zog sich an. Als er spät am Abend nach Hause kam, lag der Pfandschein auf dem Tisch.

Die Mutter saß auf dem Sofa und weinte. „Ich warte auf eine Erklärung“, sagte der Vater ruhig. Roland antwortete: „Der gehört mir nicht!“ Da schimpfte der Vater: „Erst die eigene Mutter bestehlen und dann auch noch lügen! Es ist aus mit uns!“ Roland mochte seine Eltern nicht ansehen. „Dann kann ich wohl gehen“, sagte er langsam. Der Vater antwortete: „Bitte. Hier hält dich keiner!“

An der Wohnungstür hörte Roland noch, wie seine Mutter sagte: „Karl-Heinz! Du kannst den Jungen doch nicht so gehen lassen!“ „Und ob ich das kann“, antwortete der Vater.

Im Hausflur setzte sich Roland auf die Treppe. Er zog die kleine Flasche aus seinem Stiefel. Als jemand aus dem dritten Stock herunterkam, stand er auf und verließ das Haus.

Fortsetzung folgt

**1. Roland geht nicht zur Schule. Warum nicht?
Ergänze den Satz.**

Roland geht nicht zur Schule, weil er

______________________________________________.

erkältet ist / die Schule schwänzt

**2. Roland trifft im Park Harald und zwei fremde Männer.
Sind die Männer freundlich?
Oder bedrohen sie Roland?
Male das richtige Bild farbig aus.**

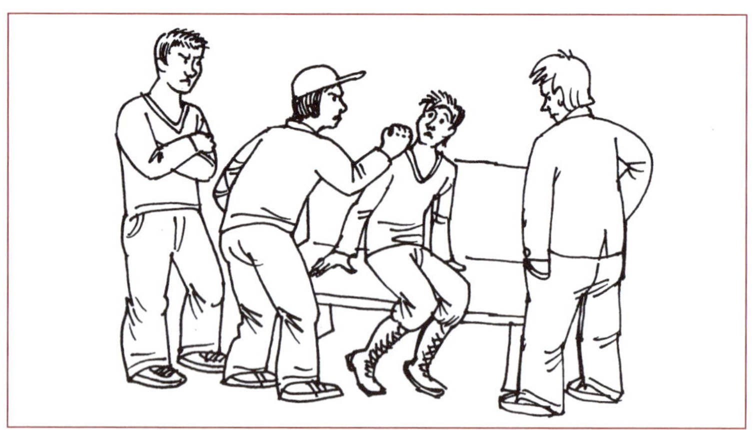

**3. Die Männer fordern von Roland das Geld, das er Harald schuldet. Aber Roland hat das Geld nicht. Was passiert? Trage die Wörter aus dem Kasten in die Lücken ein.**

warten / Männern / Hause / Ring / zittert / Kästchen

Roland muss mit den ____________________

zu sich nach ________________ fahren.

Während die Männer unten ________________,

sucht Roland nach dem teuren ________________

von seiner Mutter.

Er findet den Ring in einem ________________.

Als er das Kästchen einsteckt, ________________ Roland.

**4. Roland bestiehlt wieder seine Eltern. Wie findet ihr das? Diskutiert in der Klasse darüber.**

**5. Die Männer bringen den Ring in ein Leihhaus. Sie bekommen dort Geld und einen Pfandschein für den Ring. Wie viel Geld haben sie bekommen? Trage die Summe in den Pfandschein ein.**

Pfandschein für einen Goldring

über: __________ Euro

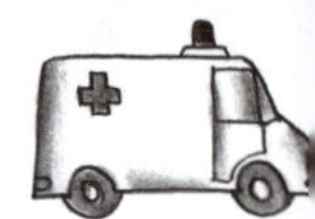

**6. Roland schuldet Harald 250 Euro.
Für den Ring gab es 300 Euro im Leihhaus.
Wie viel Geld müsste Roland übrig behalten?**

**a) Rechne aus.**

**b) Trage das Ergebnis in das Kästchen ein.**

Roland müsste ______ Euro übrig behalten.

100 / 50 /150

**7. Geben die Männer Roland Geld zurück?
Oder behalten sie das ganze Geld?
Schreibe die Antwort auf.
Schreibe einen vollständigen Satz.**

______________________________________________

______________________________________________

**8. Roland fühlt sich am nächsten Morgen krank.
Warum steht er trotzdem aus dem Bett auf?
Unterstreiche den richtigen Satz farbig.**

Roland steht auf, weil er zur Schule gehen möchte.

Roland steht auf, weil er Alkohol trinken muss.

Roland steht auf, weil seine Mutter ihm ein Frühstück zubereitet hat.

**9. Spätabends kommt Roland nach Hause.
Seine Eltern haben bemerkt, dass der Ring fehlt.
Wie verhalten sich die Eltern?
Kreuze die richtigen Sätze an.**

- ❑ Die Eltern rufen bei einer Suchtberatungsstelle an.
- ❑ Die Mutter wirft Roland aus der Wohnung.
- ❑ Die Mutter weint.
- ❑ Der Vater weint.
- ❑ Der Vater wirft Roland aus der Wohnung.

**10. Die Eltern reagieren unterschiedlich.
Wie findet ihr das Verhalten der Mutter?
Wie findet ihr das Verhalten des Vaters?
Sprecht in der Klasse darüber.**

**11. Roland muss sich um einen Schlafplatz kümmern.
Wo kann er übernachten?**

**a) Sammle Vorschläge.
Arbeite mit einem Partner zusammen.**

**b) Schreibe die Vorschläge in Stichworten auf.**

– ____________________

– ____________________

– ____________________

– ____________________

– ____________________

# Kapitel 11

Roland musste einige Zeit geschlafen haben. Wie lange, wusste er nicht. Draußen wurde es schon hell. Es war kalt in dem Rohbau am Grüneburgweg. Roland stand mit Mühe auf. Eine Flasche rollte über den Boden. Roland konnte kaum stehen. Er konnte auch nicht klar denken.

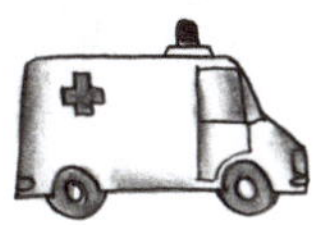

Roland nahm eine Flasche aus dem Pappkarton und hielt sie fest. Ganz langsam tappte er die Treppen in dem Rohbau hinunter. Unten auf der Baustelle wurde ihm schwindelig. Roland setzte sich auf einen Bretterstapel. Er schraubte die Flasche auf und nahm einen Schluck. Er versuchte aufzustehen. Aber er verlor den Halt und fiel hin.

Erst im Krankenhaus kam Roland wieder zu sich. Er konnte seinen Namen und seine Adresse sagen. Die Ärztin gab ihm eine Spritze. „Wie viel hast du denn getrunken?“, fragte sie. „Ich weiß nicht …“, antwortete Roland. „Das ist nicht das erste Mal“, stellte die Ärztin fest. Roland sagte nichts dazu. Er war müde und konnte seine Augen kaum offen halten.

Die Ärztin fragte: „Wie viel trinkst du am Tag?“ Roland antwortete: „Ich weiß nicht … In der letzten Zeit ist es mehr geworden.“ „Trinkst du eine Flasche pro Tag? Oder mehr als eine Flasche?“, wollte die Ärztin wissen. „Nur manchmal …“ , antwortete Roland. „Und was trinkst du?“, fragte die Ärztin weiter. „Verschieden“, sagte Roland. Er wurde von der Spritze immer müder. „Ganz schön dünn ist er“, hörte er die Ärztin noch sagen. Dann schlief er ein.

Roland lag mit zwei anderen im Zimmer. Er hing am Tropf. Er hatte Durst, sein Mund war ganz ausgetrocknet. Am Nachmittag kamen seine Eltern. Die Mutter hatte ganz verweinte Augen. „Dass das so weit kommen musste! Ich mache mir solche Vorwürfe!“, sagte sie. „Die Ärztin meint, dass ich krank bin“, sagte Roland leise. „Wir wollen alles tun, damit du wieder gesund wirst“, erklärte der Vater und machte ein ernstes Gesicht.

Am Freitag sollte Roland entlassen werden. Er packte gerade seine Sachen, als zwei Pfleger einen jungen Mann hereinbrachten. Er konnte nicht allein gehen und zitterte stark. „Sieh ruhig hin, Roland“, sagte die Ärztin, „so ist das. Der ist neunzehn. Den haben wir jetzt das dritte Mal hier.“

Als Roland wieder zu Hause war, sprachen die Eltern nicht mehr über die Sache mit dem Ring. Roland entdeckte den Ring aber zufällig im Schreibtisch von seinem Vater. „Sie haben ihn also wieder eingelöst“, dachte er. „Das hätten sie mir ruhig sagen können.“

Im Zimmer von Roland lagen Listen mit Adressen. Die hatte er im Krankenhaus bekommen. Er las die Namen von Beratungsstellen: „Anonyme Alkoholiker, Blaues Kreuz …“

Die Ärztin hatte gesagt: „Es ist wichtig für dich zu wissen, dass du mit deinem Problem nicht allein bist. Du brauchst Hilfe. Am besten helfen dir Menschen, die die gleiche Erfahrung gemacht haben wie du.“ Roland hatte aber keine Lust, mit anderen über seine Probleme zu reden. Er hatte überhaupt eine Abneigung vor Gruppen.

Die Eltern taten so, als wäre nichts geschehen. Der Vater blieb abends aber häufiger zu Hause. Dann saßen sie gemeinsam vor dem Fernseher. Roland merkte, dass sich seine Eltern viel Mühe gaben. Aber das ging ihm auf die Nerven.

Der Vater meldete Roland in der Schule krank. „Es wird nichts vom Alkohol gesagt“, hatte er vorher bestimmt. Der Hausarzt verschrieb Roland die Tabletten, die er auch im Krankenhaus bekommen hatte. Sie sollten seine Unruhe dämpfen und die Entzugs-Erscheinungen beseitigen. Roland fand die Tabletten gut.

Fortsetzung folgt

**1. Wo wacht Roland am nächsten Morgen auf? Kreuze an.**

- ❑ Roland wacht in seinem Zimmer auf.
- ❑ Roland wacht im Rohbau im Grüneburgweg auf.

**2. Roland hat am Morgen noch nichts gegessen. Aber er trinkt schon wieder Alkohol. Was passiert der Reihe nach?**

**a) Sieh dir die einzelnen Bilder genau an.**

**b) Lies die Sätze unter den Bildern.**

**c) Nummeriere die Bilder. Arbeite mit einem Partner.**

☐

Roland liegt ohnmächtig am Boden.

☐

Im Krankenhaus wacht Roland wieder auf.

☐

Ein Mann sieht Roland und ruft einen Krankenwagen.

☐

Der Krankenwagen bringt Roland ins Krankenhaus.

**3. Im Krankenhaus wird Roland medizinisch versorgt.
Er bekommt eine Spritze und hängt am Tropf.
Was bedeutet das? Ergänze den Satz.**

Roland ____________________________________________.

geht es gut / ist sehr schwach und braucht Hilfe

**4. Die Ärztin muss herausfinden,
wie schwer die Alkoholsucht von Roland ist.
Welche Fragen stellt sie Roland? Kreuze an.
Tipp: Lies noch einmal Seite 81.**

- ❑ Auf welche Schule gehst du?
- ❑ Wie viel hast du getrunken?
- ❑ Was ist dein Vater von Beruf?
- ❑ Wie viel trinkst du am Tag?
- ❑ Trinkst du eine Flasche? Oder mehr als eine Flasche?
- ❑ Hast du noch Geschwister?
- ❑ Was trinkst du?

**5. Die Eltern hatten Roland aus der Wohnung geworfen.
Jetzt besuchen sie ihn im Krankenhaus.
Warum? Streiche die falsche Antwort durch.**

Die Eltern machen sich große Sorgen und
wollen alles tun, damit er wieder gesund wird.

Die Eltern wollen Roland noch einmal sagen,
dass sie nichts mehr mit ihm zu tun haben wollen.

**6. Ein junger Mann wird zu Roland ins Krankenzimmer gebracht.**
**Was hast du über den jungen Mann erfahren?**
**Vervollständige die Sätze.**
**Tipp: Lies noch einmal Seite 82.**

Der Mann kann ________________ alleine gehen

und zittert ________________. Er ist 19 ___________ alt

und zum dritten Mal im ____________________________.

**7. Roland erhält Listen mit Adressen von Beratungsstellen für Alkoholkranke.**

**a) Welche Beratungsstellen findet Roland auf der Liste?**
**Schreibt die Namen an die Tafel.**

**b) Gibt es solche Beratungsstellen auch in eurem Wohnort oder der nächsten größeren Stadt?**
**Informiert euch im Telefonbuch oder im Internet.**

**8. Roland hat gar keine Lust, sich in einer Gruppe helfen zu lassen. Warum ist das aber wichtig?**
**Sammelt Argumente.**
**Schreibt die Argumente an die Tafel.**
**Tipp: Die Wortgruppen im Kasten helfen euch.**

jemanden zum Reden haben / andere Menschen mit Alkoholproblemen kennen lernen / Unterstützung bekommen

**9. Nach Rolands Entlassung aus dem Krankenhaus geben sich die Eltern viel Mühe mit Roland. Wie verhalten sich die Eltern? Ergänze die Sätze.**

Die Eltern tun so, als wäre ____________ (viel / nichts) geschehen. Der ____________ (Vater / Onkel) bleibt abends häufiger ____________ (in seinem Büro / zu Hause) und sie sitzen gemeinsam vor dem ____________ (Fernseher / Kamin). Roland merkt, dass sie sich viel ____________ (Mühe / Punkte) geben.

**10. In der Schule soll niemand von Rolands Alkoholsucht erfahren. Das möchte der Vater so. Sprecht in der Klasse über diese Fragen:**
- **Warum möchte der Vater das?**
- **Findet ihr das richtig oder falsch? Begründet eure Meinung.**

**11. Roland bekommt weiterhin Tabletten. Sie wirken beruhigend und beseitigen die Entzugs-Erscheinungen. Können die Tabletten Roland wohl gesund machen? Diskutiert in der Klasse darüber.**

# Kapitel 12

Eines Abends sagte Roland zu seinen Eltern: „Ich geh nicht mehr in die Schule. Wenn ich etwas anderes mache, dann schaffe ich es auch ohne Alkohol leichter. Ich möchte eine Lehre als Fotograf machen.“

Der Vater freute sich über Rolands Pläne. „Da kann ich vielleicht etwas für dich tun“, sagte er.

Am nächsten Tag kam der Vater früher als sonst nach Hause. „Du kannst dich bei mir bedanken, Roland! Der Fotograf Droste nimmt dich vielleicht. Der hat ein Fotogeschäft. Du sollst am Montag zu ihm kommen.

Und, Roland, du musst einen guten Eindruck bei dem Herrn Droste machen“, sagte der Vater. Roland merkte plötzlich, dass er frische Luft brauchte. „Ich geh noch mal spazieren“, sagte er.

Auf seinem Spaziergang traf er Herrn Thiele, den Lehrer. Der hatte nur wenig Zeit, denn seine kleine Tochter Miriam lag krank im Bett. „Aber auf einen Kaffee solltest du mit heraufkommen“, lud er Roland ein. Roland blieb den ganzen Nachmittag. Er las der kleinen Miriam lange aus einem Buch vor.

Herr Thiele hörte zu, wie Roland von seinen Plänen erzählte. Die Sache mit der Lehre fand er gut. „Aber du darfst dir nichts vormachen, Roland“, sagte er. „Ein paar Tage, Wochen oder Monate nichts getrunken haben, das ist gar nichts. Du musst dein Leben lang trocken bleiben!“ „Ja, ich weiß“, antwortete Roland. Herr Thiele sprach weiter: „Es muss für dich selbstverständlich werden, dass du keinen Alkohol mehr zu dir nimmst. Keine Likörpraline und nicht einmal etwas Rotwein an die Soße! – Stell dir vor, du bist auf einer Feier. Sagst du dann, dass du Alkoholiker bist? Oder wenn du mit einem Mädchen ausgehst. Trinkst du dann Saft und sie Sekt?“ „Ja“, sagte Roland. „Das ist wirklich nicht einfach, Roland! Du brauchst jemanden, der dir hilft!“ „Sie haben doch gesagt, dass ich zu Ihnen kommen kann“, sagte Roland.

„Aber ich bin kein Alkoholiker, Roland! Ich habe damit keine Erfahrung!“, erklärte Herr Thiele. „Das macht nichts. Mit Ihnen kann ich am besten reden“, sagte Roland.

Gegen Abend ging es Miriam schlechter. Sie hatte hohes Fieber und weinte. Herr Thiele wurde nervös. Er hielt einen Umschlag in der Hand. „Diesen Brief muss ich unbedingt noch heute zur Post bringen. Das ist sehr wichtig. Aber ich kann Miriam nicht allein lassen“, sagte er. „Keine Sorge. Ich bringe den Brief nachher zur Post und Sie bleiben bei Miriam“, bot Roland an. Herr Thiele sah ihn an. „Die Hauptpost hat bis 20 Uhr geöffnet. Schaffst du das auch wirklich?“, fragte er. „Ich mach keinen Mist mehr“, sagte Roland. „Sie brauchen keine Angst zu haben, Herr Thiele.“

Es war 18 Uhr 34, als sich Roland auf den Weg zur Hauptpost machte. „Das ist ja prima, das schaffe ich lässig“, dachte er und ging langsamer. Im selben Augenblick erkannte er seinen alten Freund Buddi, der auf ihn zukam. „Mensch, Roland!“, rief Buddi. „Das kann doch nicht wahr sein!“ Roland fragte: „Bist du immer noch auf dem Internat?“ „Ja, aber ich habe gerade Ferien“, antwortete Buddi. Roland sagte: „Ich fang eine Ausbildung an.“ „Klasse! Lass uns ein Bier trinken“, schlug Buddi vor.

„Ich kann leider nicht. Ich muss zur Hauptpost, einen wichtigen Brief abgeben!“, wandte Roland ein. Buddi ließ das nicht gelten. „Ein Bier! Ich lade dich ein!“ „Ich … wie soll ich sagen … ich trinke nicht mehr so viel“, stotterte Roland. „Ich sauf auch nicht mehr so viel wie früher“, erzählte Buddi, „aber es war doch eine gute Zeit damals, oder?“ „Ja, finde ich auch“, stimmte Roland zu.

In der Kneipe bestellte Buddi zwei Bier. Roland legte den wichtigen Brief von Herrn Thiele neben sich auf einen Stuhl. Später kaufte Buddi an einer Tankstelle eine Flasche Schnaps. Sie lachten viel.

Sie kamen zu dem Haus, in dem Roland wohnte. Hinter einem Fenster war das Gesicht von Frau Marecke zu sehen. Buddi machte sofort Späße mit ihr. Er zeigte Frau Marecke die Flasche. Sie schüttelte zuerst den Kopf. Dann nickte sie.

Vorsichtig öffnete Frau Marecke die Tür. „Guten Abend“, sagte Buddi, „wir wollten Sie besuchen. Wir sind gerade so lustig. Feiern Sie doch mit uns.“ Frau Marecke sah sie unsicher an. Aber dann ließ sie die beiden Jungen herein. Buddi stellte die Flasche Schnaps auf den Tisch. „Eigentlich trinke ich ja nichts mehr … Aber so ein kleiner Schluck … der kann ja nichts schaden … nach all den Jahren“, sagte Frau Marecke.

Sie stellte drei Gläser auf den Tisch. Buddi füllte die Gläser. Sie prosteten sich zu. Buddi füllte die Gläser wieder. Frau Marecke trank das Glas schnell aus. Nach vier Gläsern sank sie auf einmal in ihrem Sessel zusammen. Es war still im Zimmer. „Buddi! Ich will hier weg!“, sagte Roland. Sie standen auf, aber die alte Frau rührte sich nicht. Buddi und Roland liefen schnell aus der Wohnung.

Am nächsten Morgen hat Roland das Vorstellungsgespräch bei Herrn Droste, dem Fotografen. Doch statt den Bus zu nehmen, geht Roland zum Rohbau im Grüneburgweg. Dort steht er jetzt und hält eine Flasche mit Schnaps in der Hand. Die Gedanken in seinem Kopf hören nicht auf: „Die alte Marecke haben sie weggebracht. Sie werden mich bestimmt auch wegbringen. Irgendwohin … Elisabeth … Ich habe den Brief von Herrn Thiele nicht zur Post gebracht. Das gibt Ärger … Ich habe den Termin bei dem Fotografen verpasst … Das gibt auch Ärger … Ich bringe alles in Ordnung … Ich gehe jetzt … Gleich …“

Ende

1. **Roland sagt seinen Eltern, wie es weitergehen soll.**
   **Welche Pläne hat er?**
   **Streiche die falschen Sätze durch.**

   Roland möchte weiter zur Schule gehen.
   Roland möchte nicht mehr zur Schule gehen.
   Roland möchte eine Ausbildung als Fotograf anfangen.
   Roland möchte gar nichts lernen.

2. **Roland macht einen Spaziergang.**
   **Sind die Sätze richtig oder falsch? Kreuze an.**

| | richtig | falsch |
|---|---|---|
| Roland trifft Herrn Thiele. | ☐ | ☐ |
| Herr Thiele hört Roland nicht zu. | ☐ | ☐ |
| Die Tochter von Herrn Thiele heißt Miriam und ist krank. | ☐ | ☐ |
| Der Sohn von Herrn Thiele ist verreist. | ☐ | ☐ |
| Roland kümmert sich um Miriam. | ☐ | ☐ |
| Roland bleibt nur ganz kurz bei Herrn Thiele. | ☐ | ☐ |

3. **Roland und Herr Thiele sprechen**
   **über die Alkoholsucht von Roland.**
   **Herr Thiele sagt, dass Roland trocken bleiben muss.**
   **Was meint er damit?**
   **Sprecht in der Klasse darüber.**

**4. Alkohol kann in Lebensmitteln enthalten sein.**

**a) Welche Lebensmittel können Alkohol enthalten? Sprecht in der Klasse über diese Lebensmittel.**

der Apfel   die Soße   die Praline   die Gurke

die Rotwein-Nachspeise   die Eierlikör-Torte

**b) Sammelt an der Tafel weitere Lebensmittel, Speisen und Getränke, die Alkohol enthalten können.**

**5. Herr Thiele muss einen wichtigen Brief zur Hauptpost bringen. Seiner Tochter geht es aber schlecht. Was bietet Roland Herrn Thiele an? Unterstreiche den richtigen Satz farbig.**

Roland bietet an, mit Miriam zum Arzt zu gehen.

Roland bietet an, den Brief zur Hauptpost zu bringen.

**6. Auf dem Weg zur Hauptpost trifft Roland seinen alten Freund Buddi. Was tun die beiden? Ergänze die Sätze.**

besuchen / geben / trinken

Zuerst ______________________ Roland und Buddi Bier in einer Kneipe.

Dann ______________________ sie Frau Marecke.

Sie ______________________ der alten Frau Schnaps.

**7. Frau Marecke war früher Alkoholikerin.
Jetzt ist sie alt und krank.
Was passiert? Kreuze die richtigen Antworten an.**

- ❑ Frau Marecke trinkt den Alkohol, den Buddi und Roland ihr geben.
- ❑ Frau Marecke schmeißt die beiden aus ihrer Wohnung.
- ❑ Frau Marecke rührt sich plötzlich nicht mehr.
- ❑ Buddi und Roland helfen der alten Frau Marecke.
- ❑ Buddi und Roland laufen weg.
- ❑ Ein Krankenwagen bringt Frau Marecke am nächsten Morgen fort.

**8. Roland geht am nächsten Morgen nicht zu seinem Vorstellungsgespräch, sondern zum Rohbau. Dort trinkt er wieder.
Diskutiert in der Klasse die folgenden Fragen:**
- **Warum trinkt Roland immer wieder Alkohol?**
- **Wie geht es mit Roland wohl weiter?**

**9. Roland muss lernen, zu Alkohol nein zu sagen.
In welchen Situationen fällt es euch schwer, nein zu sagen?**

**a) Nennt Situationen.
Sammelt Stichworte dazu an der Tafel.**

**b) Macht in der Klasse ein Rollenspiel.
Wählt eine Situation aus. Spielt die Situation.
Übt dabei, laut nein zu sagen.**

Originalausgabe:
Ann Ladiges: „Hau ab, du Flasche!"
Lizenzausgabe mit freundlicher Genehmigung der Rowohlt Verlag GmbH, Reinbek bei Hamburg.


Redaktion: lüra – Klemt & Mues GbR
Technische Umsetzung: Manuela Mantey-Frempong

**www.cornelsen.de**

1. Auflage, 6. Druck 2022

Alle Drucke dieser Auflage sind inhaltlich unverändert und können im Unterricht nebeneinander verwendet werden.



Druck: H. Heenemann, Berlin

ISBN 978-3-464-60980-4

**PEFC zertifiziert**
Dieses Produkt stammt aus nachhaltig bewirtschafteten Wäldern und kontrollierten Quellen.
**www.pefc.de**